소크라테스를 알라

차례
Contents

철학이란 무엇인가?

"철학이 무엇이냐?"는 질문을 받게 되면 늘 당혹스럽다. 왜냐하면 '철학을 어떻게 한 마디로 설명할 수 있는가?'라는 또 다른 의문이 동시에 제기되기 때문이다. 그래서 "여러분은 철학이 도대체 무엇이라고 생각하나요?"라고 되물어 오히려 둘러가는 방법을 선택하기도 한다. 수많은 철학자들이 철학에 대한 정의를 내리고 있지만, 그러한 정의들을 소개한다고 해도 철학이 무엇인지를 이해하기는 사실 어렵다.

대부분의 철학 입문서들이 철학이 무엇인지를 설명할 때 습관적으로 돌아가는 지점이 있다. 바로 '철학'이란 그리스어의 의미를 설명하는 것이다. 그러나 이렇게 단순하게 '철학'이라는 단어의 의미를 밝혀보려는 시도마저 쉽지는 않다. 왜냐하면 철학(philosophia)이라는 말을 구성하고 있는 '지혜(sophia)'와 '사랑(philia)'이라는 두 가지 개념부터 어렵기 때문이다.

먼저 그리스에서 철학이 시작되기 이전으로 거슬러 가면 '지혜'가 다양한 방식으로 사용되었음을 알 수 있다.[1] 기원전 8세기경 호메로스 시대에는 지혜가 '어떤 것을 할 수 있는 기술이나 방법을 아는 것'으로 이해되었던 것 같다. 그렇다면 그것은 일종의 교육이나 훈련을 포함할 수밖에 없다. 나아가 신적인 힘이 필요로 하게 된다. 기원전 7세기경에는 '무사이(그리스 신화에 등장하는 학예의 여신들)로부터 나온 신적인 영감을 통해 시를 쓰는 작업을 할 수 있는 앎'을 가리킨다. 그리고 기원전 6세기경에는 '타인과 더불어 살면서 모든 일에 능통하고 능숙한 사람이 가진 앎'을 지시했다. 이 시기에 '일곱 현인'이라 불린 이들 중 솔론과 몇몇의 사람들은 정치활동을 하는 데 뛰어난 능력을 발휘했다. 이들 중 한 사람인 최초의 철학자 탈레스는 천문을 읽어 개기일식을 예측하였을 뿐만 아니라 정치적 선견지명을 가졌던 것으로 알려져 있다. 기원전 5세기경은 역사적으로 아테네가 페르시아라는 대제국과의 전쟁에서 승리한 후 전성기를 누리던 시기다. 이때 아테네에는 아주 특별한 현상이 일어나는데 지중해 전 지역에서 소피아를 가르치는 전문가들이 등장해 '지혜를 가진 자(sophoi)'를 의미하는 '소피스트(sophist)'라 불렸다. 그렇지만 소크라테스는 플라톤과 함께 철학의 의미를 다시 반성적으로 통찰하는 가운데 소피아는 '진리'와 훨씬 가까워졌다.

다음으로 철학은 '지혜를 사랑하는 것(philein)'이다. 그것은 그냥 지혜에 대한 사랑을 외치는 것이 아니다. 솔직히 말해 '지혜에 대한 사랑'이라는 말은 얼마나 이상한 표현인가! 사실 근대 이후 분과 학문의 명칭을 보면 '철학(philosophia)'이라는 말이 얼마나 특이한지 알 수 있다. 심리학(Psychology), 정치학(Politics), 경제학(Economics), 생물학(Biology), 천문학(Astronomy, Uranology) 등의 명칭은 영혼에 대한 이론, 국가에 대한 기술, 경제에 대한 법칙이나 체제, 생명체에 대한 이론, 별 또는 하늘에 대한 법칙이나 이론 등을 의미한다. 그러나 철학은 '사랑'이라는 표현을 쓰고 있다. 주로 인격체를 상대로 사랑이라는 말을 사용하는 현대인에게는 난감한 표현일 수밖에 없다. 왜 그리스인들은 철학을 지혜 또는 진리에 대한 사랑이라고 표현했을까? 이것이야말로 철학이라는 학문의 독특성일 것이다. 다른 학문들이 주로 로고스(logos)나 노모스(nomos: 인위적·인습적으로 만들어진 것)와 같이 이론이나 담론 또는 법칙이나 체계들을 사용해 학문의 특성을 정의한 것과 달리 철학은 생뚱맞게 에로스(eros)를 사용한다.

사실 사랑이라는 말도 쉽지 않은 것이다. 플라톤은 『향연(symposium)』에서 '사랑'이라는 말을 아주 독특한 방식으로 사용한다. 현대를 살고 있는 우리가 당황스러워 하듯 당시의 그리스인들도 거의 생각하지 못한 방식이다. 사실 철학은 학문의 목표이자 과정이며 결과이고, 철학자의 자세나 태도를 말한다. 우리는 단지 지혜를 향해 나아갈 뿐이지 지혜를 소유할 수 없다.

지혜를 가졌다고 말하는 소피스트들은 지적 오만을 저지른 것이다. 플라톤이 생각하는 지혜는 영원불변의 진리를 말하는 것이다. 인간이 지혜를 가진다는 것은 엄밀히 말해 불가능하다. 그러므로 우리는 지혜를 사랑하는 것이다. 다시 말해 지혜를 사랑해야 하는 것이다. 사실 사랑이란 말 자체가 어려운 것은 아니다. 누구나 사랑을 할 수 있다. 그러므로 누구나 철학할 수 있다. 실제로 플라톤은 『파이드로스(Phaedros)』에서 진리에 대한 사랑을 남녀 간의 사랑과 유비(類比)적으로 말하고 있다. 참으로 대담한 방식이다.

플라톤은 여러 말 필요 없이 누군가를 사랑하듯 진리를 사랑하라고 한다. 마치 연인을 사랑하듯 진리를 사랑하는 것이 어떤 것인지 상상해 보라. 늘 진리에 대해 생각하고, 진리와 함께 하면 모든 것을 다 가진 것처럼 즐겁고 행복하며, 진리와 함께 하지 못하면 아무 것도 없는 것처럼 슬프고 고통스러운 것이 아닌가! 사랑은 미치는 것이다. 우리는 진리를 '미친 듯이' 사랑해야 한다. 그래서 플라톤은 철학을 일종의 광기(mania)라고 부른다. 그는 철학을 어정쩡하게 하거나 대충 하거나 겉멋 들어 하는 것을 경계한다. 진리를 사랑하는 것은 말 그대로 죽기 살기로 해야 하며 죽을 각오로 해야 한다. 또 사랑은 하나가 되려고 하는 것이다. 그래서 늘 생각하고 함께 하려는 것이다. 우리는 늘 진리를 생각하고 진리와 함께 하기 위해 노력해야 한다. 궁극적으로 진리와 하나가 되려는 것이다. 나아가 사랑은 이론이 아니다. 그것은 말로 설명하기 어렵다. 사랑은 행위나

활동 또는 실천과 밀접하게 관련되어 있다. 근본적으로 '사랑하는 것'에는 사랑의 실천적 의지와 행위 및 과정이 포함되어 있다. 우리는 지혜 또는 진리를 사랑하기 위해 끊임없이 결단하고 실천하기 위해 노력해야 한다. 그것이 바로 철학이다.

그럼 우리는 왜 철학을 해야 하는가? 대답은 아주 간단하고 명료하다. 철학은 인간이 가장 좋은 삶을 살 수 있도록 만들기 때문이다. 누구나 행복한 삶을 살기 원한다. 따라서 모든 사람들이 행복한 삶을 선택할 것이다. 하지만 실제로 사람들은 각자 다른 삶을 살고 있다. 왜 그럴까? 자신에게 가장 좋은 것이 무엇인지에 대해 각기 다른 견해를 갖고 있기 때문이다. 어떤 사람은 재물을, 어떤 사람은 명예를, 어떤 사람은 권력이나 아름다움 등이 가장 좋다고 생각한다. 그래서 모두 다른 삶을 사는 것이다. 대부분의 사람들은 이러한 것들이 인간을 행복하게 만들 수 있다고 생각한다. 그래서 많은 사람들이 이것들 가운데 하나를 인생의 목표로 삼는다. 물론 재물이나 명예, 권력 등이 행복의 조건은 될 수 있다. 그러나 우리가 추구하는 삶의 궁극적인 목표라고 할 수는 없다.

게다가 대부분의 것들은 우리가 노력만 한다고 해서 획득할 수 있는 게 아니다. 보통 부나 명예, 권력 등은 우리 의지와 상관없이 획득되는 경우가 훨씬 많다. 누구나 부를 얻고 싶어 하지 잃고 싶어 하진 않는다. 또 누구도 명예나 권력을 얻고 싶어 하며 잃고 싶어 하지 않는다. 그러나 이러한 것들은 실제로 우리에게 달려있는 것이 아니다. 내가 다른 사람들에게 좋은 평판을 얻고 싶어 한다고 하자. 물론 인생에서 나름 최대의 노력을 통해 사람들의 호감을 얻고 좋은 평판을 얻을 수도 있다. 그렇지만 여기까지가 우리의 한계다. 왜냐하면 결국 나 자신을 판단하고 평가하는 주체가 내가 아니라 다른 사람이라면, 나는 단지 노력만 할 수 있을 뿐이며 나에 대한 평판은 다른 사람에게 달려 있기 때문이다. 그래서 좋은 평판이나 명예를 추구하다 오히려 큰 절망이나 고통에 빠지는 경우가 훨씬 많다. 우리가 추구하는 것과 달리 불행한 삶이 된다.

우리는 철학에 대해 많은 이야기를 할 수 있지만 철학이 무엇인지를 정확히 알기란 쉽지 않다. 철학을 구체적으로 말하고 보여주기 위해 한 가지 좋은 방법이 있다. 실제로 진리를 사랑하며 살았던 철학자의 삶에 최대한 접근하는 것이다. 이 방법은 철학이 무엇이며 철학자란 누구인지를 가장 효과적으로 보여줄 수 있다. 우선 우리는 철학의 역사에서 가장 철학적이라고 여기는 철학자를 한 명 선택할 필요가 있다. 사실 지극히 철학인 철학자는 여럿 있지만, 아무래도 서구 사회에서는 소크라테스가 단연 돋보인다. 그는 늘 철학하는 삶을 살았고 결국 철학적인 죽음을 맞았다. 실제로 소크라테스를 가만히 보면 철학이 보인다. 우리는 소크라테스를 통해 철학이 무엇인가를 알 수 있으며 철학자가 어떤 사람인지도 알 수 있다. 철학이 무엇인지에 대해 아무리 말을 해도 직접 철학적 삶을 보여주는 것만 못한 경우가 많다. 우리는 '소크라테스'라는 드라마를 아무리 반복해 보더라도 늘 새로운 측면을 발견하게 된다는 사실을 언젠가 깨닫게 될 것이다.

　이 책에서는 소크라테스의 실제 삶이 가장 드라마틱하게 나타나는 플라톤의 『소크라테스의 변론』과 『크리톤』을 중심으로 살펴보려 한다. 우선 서구 철학의 정신이라 할 수 있는 소크라테스가 지나온 삶의 궤적을 살펴봄으로써 철학이라는 학문에 보다 친근하게 다가가려고 한다. 다음으로 『소크라테스의 변론』을 통해 소크라테스가 정한 삶의 목표와 방식 및 철학적 태도가 무엇인지를 살펴보게 될 것이다. 마지막으로 소크라테스의 죽음과 관련된 『크리톤』을 통해 현대인에게도 잘 알려진 '악법도 법이다'와 관련된 문제들을 살펴보고, 소크라테스 철학의 의의를 찾아보려 한다.

소크라테스의 생애
- 아주 이상한 사람 소크라테스

소크라테스에 대한 전승(傳承)들

소크라테스는 단 한 줄의 글도 남기지 않았기 때문에 우리는 다른 사람들이 남긴 글을 보고 그를 파악할 수밖에 없다. 그중 가장 대표적인 사람이 바로 소크라테스가 너무나 사랑한, 그리고 소크라테스를 너무나 사랑한 플라톤이다. 소크라테스는 플라톤을 만나기 전에 역사적인 만남을 기념하는 꿈까지 꿨다고 한다. 소크라테스에 대해 이야기할 때 항상 문제가 되는 것은 '그가 실제로 어떤 사람이었는가?'이다. 소크라테스에 대해 이런 이야기가 등장하는 이유는 플라톤의 작품들 중 초기의 작품들이 다른 작품들에 비해 소크라테스의 실제 모습을 그려내고 있기 때문인 것 같다. 특히 소크라테스의 재판과 관련된 『에우튀프론』『변론』『크리톤』『파이돈』과 같은 일련의 작품들에는 소크라테스의 마지막 모습이 생생하게 나타난다. 『에우튀프론』은 소크라테스가 아테네 법정에 소환됐을 때 법정 앞에서 자기 아버지를 고발한 에우튀프론과 만나 토론하는 이야기다. 『변론』은 소크라테스가 아테네 법정에서 자신을 변론하는 이야기다. 『크리톤』은 소크라테스의 친구 크리톤이 소크라테스에게 감옥에서 탈출하라 권유하지만 소크라테스가 거부하는 이야기다. 마지막으로 『파이돈』은 소크라테스가 감옥에서 독배를 드는 마지막 날 제자들과 죽음과 영혼의 불멸에 대해 논의하는 이야기다. 플라톤 이외에도 군인 출신의 크세노폰(Xenophon), 소크라테스를 희화화시킨 아리스토파네스, 플라톤의 제자 아리스토텔레스 등이 소크라테스에 대해 이야기한 기록들도 남아있다. 플라톤이 전하는 『소크라테스의 변론』을 중심으로 소크라테스의 생애와 죽음, 그리고 철학에 대해 알아보자.

소크라테스의 출신

소크라테스는 기원전 약 469년 아테네에서 태어나 아테네 법정에서 사형 선고를 받고, 399년 일흔 살의 나이로 세상을 떠났다. 소크라테스의 공식적인 생애는 펠레폰네소스 전쟁과 매우 밀접하다. 소크라테스는 펠레폰네소스 전쟁이 시작할 때

공식적으로 등장해 전쟁이 끝날 즈음 아테네 법정에서 사형 선고를 받는다. 소크라테스는 조각가인 아버지 소프로니코스와 산파인 어머니 파이나레테의 아들이라고 전해진다. 그리스어로 소프로니코스는 '지혜'와 관련되어 있고, 파이나레테는 '탁월성을 드러내는 자(아레테)'라는 의미가 있다. 사실 그의 아버지 이름은 소크라테스의 유명한 격언 '너 자신을 알라'와 관련해 '소크라테스는 가장 현명한 사람'이라고 선언한 델포이 신탁과 연관되며, 어머니의 이름은 소크라테스의 유명한 산파술과 연관되어 쉽게 기억할 수 있다. 소크라테스와 관련해 누구보다도 유명한 인물은 아내 크산티페(Xanthippe)인데 그녀에겐 '악처'라는 별칭이 항상 따라다닌다.

이상하게도 소크라테스와 가장 가까운 이였던 플라톤과 크세노폰이 전하는 이야기에서는 크산티페와 소크라테스의 부부 관계가 매우 평범해 보인다. 크세노폰의 이야기에는 소크라테스가 죽기 전날 크산티페가 감옥에 세 명의 아이들과 함께 와 남편과 함께 지내고, 다음날 아침 집으로 돌아간 것으로 되어있다. 크산티페는 소크라테스를 떠나면서 대성통곡을 하였고, 소크

크산티페와 소크라테스

라테스는 친구 크리톤에게 아내와 자식들을 집으로 데려다 달라고 부탁한다. 크산티페는 남편의 죽음을 슬퍼해 눈물을 흘렸고, 남편은 아내를 걱정해 친구에게 부탁하는 장면뿐인 것이다. 실제로 플라톤이나 크세노폰과 같은 소크라테스의 주변 인물들은 크산티페를 악처라고 단언할 수 있는 이야기를 전혀 하지 않는다. 소크라테스가 아무 일도 하지 않고 제자들과 돌아다니며 아고라에서 다른 사람들과 논쟁을 벌인 것을 두고 후일 크산티페가 소크라테스를 심하게 박대한 것처럼 이야기되면서 악처의 전형이 된 것으로 보인다.

소크라테스의 외모

역사 속에 등장하는 철학자들의 이미지는 대체로 상당히 개성이 있고 독특하다. 근대 이후 사진기가 발명되고 나서야 비로소 정확한 이미지를 파악할 수 있고, 고대에는 벽화나 조각상으로, 중세에는 초상화로만 짐작할 수 있을 뿐이다. 개인적으로 가장 기괴해 보이는 인물은 쇼펜하우어(Schopenhauer)다. 쇼펜하우어의 초상은 가시달린 독설만큼이나 섬뜩하고 끔찍한 느낌이 들기도 하지만, 때로는 아주 고집스러운 노인네처럼 보이기도 한다. 그러나 철학의 역사에서 그 누구보다 눈에 띄는 인물은 소크라테스가 아닐까 싶다.

소크라테스의 조각상을 보는 사람들은 적어도 세 번 이상 놀란다. 우선 역사상 가장 위대하다고 여겨지는 철학자가 그다

소크라테스의 조각상

지 철학적이거나 논리적이지 않게 생겼기 때문이다. 소크라테스에게는 미안하지만 그는 그냥 제멋대로 생긴 것에 가까워 보인다. 사실 그리스에서 이렇게 생기기도 쉽지 않다. 크세노폰은 소크라테스가 넓적한 코와 커다란 콧구멍, 툭 튀어나온 눈과 두꺼운 입술, 불룩한 배를 가진 인물로 묘사하고 있다.[2] 소크라테스의 조각상을 한 번 보자. 훌쩍 벗겨진 이마를 따라 내려가다 보면 절망스러운 들창코가 하늘을 향해 있고, 더 내려오면 귀엽기까지 한 볼록한 배가 있다. 아무리 봐도 '얼짱'이나 '몸짱'과는 거리가 있다. 제자들은 소크라테스가 음식에 대해 절제력이 뛰어났다고 말하지만, 그럼에도 불구하고 불룩 나온 배를 보고 있으면 실소를 금할 수 없다. 하지만 플라톤을 비롯해 소크라테스의 제자들은 스승의 외모를 별로 문제 삼지 않은 것으로 보인다. 오히려 소크라테스가 얼마나 이상하고 낯설게 생겼는지를 자랑스럽게 말하기도 한다. 실제 플라톤도 자신의 작품에서 아무렇지도 않게 소크라테스가 실레노스를 닮았다고 한다.[3]

말이 많은 소크라테스

그럼에도 불구하고 플라톤은 소크라테스가 얼마나 매력적인 인물인가에 대해 수많은 대화편에서 거듭 강조하고 있다. 플라톤의 『향연』에서 알키비아데스(Alkibiades: 아테네의 정치가·웅변가)는 소크라테스의 말솜씨를 마르시아스(Marsias)와 그의 제자이자 아들인 올림포스(Olympos)의 연주에 비교한다. 올림포스가 플루트를 가지고 마르시아스의 작품을 연주해 청중들을 신과 합일하는 경지에 이르게 할 정도였다면, 소크라테스는 아무 악기도 없이 단지 말만으로 그렇게 할 수 있었다는 것이다. 사실 누군가 정말 말을 잘 할 때 우리는 감탄할 수 있지만 푹 빠지기는 어렵다. 그러나 누구든지 소크라테스의 말을 들으면 그 말에 푹 빠져 버려 그에게 사로잡히게 된다는 것이다.

우리가 살면서 누군가의 말을 듣고 영혼이 흔들려 진정으로 눈물까지 흘리게 되는 경우가 얼마나 있을까? 사실 우리는 가끔 문학 작품이나 예술 작품을 보면서 가슴이 북받치는 느낌을 갖기도 한다. 그러나 오늘날 과연 누가 철학을 통해 눈물을 흘릴 만큼 감동받을 수 있을까? 플라톤 이후의 철학은 지나치게 이성에만 호소하는 경향이 강했다. 그렇지만 소크라테스는 철학적 논의만으로 사람들의 영혼을 뒤흔들어 놓았다. 그 힘이 얼마나 강했던지 그리스 신화에서 오디세우스(Odysseus)가 영혼을 홀리는 세이렌의 노래를 듣지 못하게 다른 선원들의 귀를 틀어막듯 알키비아데스도 소크라테스의 말을 듣지 않기 위해

'Socrates seeking Alkibiades at the house of Aspasia'
(Jean Leon Gerome, 1861)

귀를 틀어막고 도망쳤다고 한다. 아무래도 자신이 늙어 죽을 때까지 소크라테스의 곁을 떠나지 못할 것 같았기 때문이라고 한다. 알키비아데스는 소크라테스에게 사로잡혀 지독한 사랑에 빠졌지만 소크라테스처럼 사는 길을 선택하지 못했고, 결국 철학의 길을 버리고 정치의 길에 들어섰다. 소크라테스의 말을 듣고는 더 이상 자신이 살던 방식으로 살아가지 못할 것 같아 아예 외면하려 했던 것이다.

소크라테스의 성격

소크라테스의 일생과 관련된 이야기를 보면 그가 누구도 범접하기 힘든 강인한 신체와 영혼을 가졌음을 알 수 있다. 소크라테스는 전투에 참여해 죽음을 무릅쓰고 용감하게 싸웠으며 전쟁터에서 말에서 떨어진 크세노폰과 부상당한 알키비아데스를 구해 준 일화도 남아있다.[4] 그는 항상 법과 정의의 편에 서서 정치적인 문제에 개입될 때마다 불법적인 일에 끝까지 반대하는 용기 있는 사람이었다.

펠레폰네소스 전쟁 중 407년 아르기누사이 해전에서 아테네인들은 스파르타 함대를 상대로 승리했지만, 전투 후 강한 폭풍이 몰아쳐 전사자들의 시신을 거둬 장례의식을 치르지 못했다. 그리스에서는 장례의식을 치르지 못하면 죽은 자의 영혼이 하데스에 들어갈 수 없다고 생각해 이를 매우 중시했다. 이 때문에 아테네 시민들은 전쟁에 참여한 장군들에게 분노했다. 이들이 법정에 회부되었을 때 소크라테스는 500인의 평의원에 선발된 후였다. 아테네의 법에 따르면 어떤 문제가 발생했을 때 먼저 평의회에서 논의를 거쳐 제안서를 내고 민회에서 논의하기로 되어 있었다. 그런데 당시 장군들을 비난한 사람들은 그들을 따로 재판하지 말고 한꺼번에 재판해 판결하자고 주장했다. 그러나 이는 아테네 법에 어긋나는 주장이었다. 평의원들 중 이러한 제안에 반대하는 사람도 있었지만, 성난 군중을 볼모로 관철시키려는 사람들의 협박으로 인해 모두 반대안을 포기했다. 그러나 유일하게 소크라테스만이 불법적인 제안에 끝까지 반대표를 던졌다(32a-c).

다음으로 30인 과두정 시기에 정부는 소크라테스에게 다른 네 사람과 함께 살라미스 사람 레온을 사형시키기 위해 연행해 오라는 명령을 내렸다. 하지만 소크라테스는 이 명령이 올바르지 않다고 생각해 불복종했다. 당시 정부가 많은 사람들을 비리에 연루시키려는 목적으로 명령했기 때문이다. 소크라테스는 죽음을 두려워하지 않았기 때문에 전혀 겁을 먹지 않았고 그냥 집으로 돌아왔다. 만약 30인 과두정이 곧 무너지지 않았다면 그는 사형 선고를 받아 죽었을 것이다. 그러나 다른 네 사람은 레온을 체포해 재판도 받지 않은 채 죽게 만들었다. 이 네 사람 중에는 소크라테스를 고발한 멜레토스도 포함돼 있다. 사실 우리는 모두 멜레토스 같은 사람들이다. 무엇보다 생명이 위협받는 상황에서는 선택의 여지가 없다. 물론 소크라테스의 삶에서 정치적인 일에 연루된 경우는 많지 않다. 하지만 죽음의 위협을 받는 상황에서도 이것이 올바르지 않은 일이라 판단하면 끝까지 불복종한 사람으로 나타난다.

사실 우리가 무엇이 옳은지 또는 옳지 않은지를 판단하지 못해 잘못을 저지르는 경우는 많지 않다. 대부분의 사람들은 어떤 상황에서 자신이 어떻게 행동해야 하는지를 잘 알고 있다. 그렇지만 여러 가지 이해관계가 얽혀 있을 경우 결정을 하기란 쉽지 않다. 무엇이 옳은가 또는 옳지 않은가를 판단하기 어렵기 때문이 아니라 무엇이 더 이익이고 덜 이익인지를 판단하기 어렵기 때문이다. 하물며 지금 자신의 목숨이 경각에 달려 있는 경우라면 자신이 옳다고 믿는 것을 선택하고 행동하기가 더욱 어렵다. 소크라테스처럼 죽음의 위험이 있는 상황에서도 결코 자신의 의지를 꺾거나 자신의 신념을 버리지 않는 사람은 현실에서는 드물다.

나아가 소크라테스는 신체적으로나 정신적으로 매우 강인한 사람이었다. 플라톤의 『향연』에 보면 알키비아데스가 등장해 소크라테스의 성격을 설명한다. 솔직히 플라톤은 소크라테스의 외모에 대해 결코 신화화시키려 하지 않았다. 소크라테스의 외모를 덜 하면 덜 했지, 더 멋지게 그리려 하지 않았다는 것이다. 하지만 소크라테스의 성격에 대해서는 좀 과장한 것이 아닐까 하는 생각이 들기도 한다. 현실에서는 거의 찾아보기 힘든 초인에 가까운 인내심과 대단한 정신력으로 무장한 사람으로 그려지고 있기 때문이다. 그러나 이것이 플라톤의 과장만은 아닌 듯하다. 다른 이들도 소크라테스에 대해 비슷하게 말하기 때문이다. 소크라테스가 당대 사람들에게 이상하게 보인 것만은 확실한 듯하다.

별종 소크라테스

사실 플라톤의 작품에 등장하는 소크라테스의 행동을 보면 그는 정말 희한하고 독특한 인물이라 볼 수 있다. 아마 철학자들을 별종의 인간으로 바라보는 시각은 소크라테스로부터 시작되었을 것이다. 가령 『향연』을 보면 소크라테스는 아가톤(Agathon: 그리스의 비극시인)이 비극경연대회에서 승리해 축하하러 가는 길에 갑자기 사라진다. 누군가 소크라테스를 납치한 것이 아니다. 소크라테스는 어떤 생각에 빠지면 망부석처럼 그 자리에 서서 짧게는 한나절, 길게는 밤새도록 서 있는 버릇이 있었

소크라테스의 동상

다. 때로는 남의 집 담벼락 옆에, 때로는 전쟁터 한가운데 꼼짝도 하지 않고 서있는 경우도 있었다. 궁금한 것이 있으면 대답을 얻을 때까지 끝까지 물고 늘어지는 성격이나 누군가 자신이 모르는 사실을 알고 있을 때 비굴해 보일 정도의 수모를 겪으면서도 애걸하는 모습까지 볼 수 있다.

소크라테스는 전쟁이나 정치에서도 자신이 옳다고 생각하면 과감하게 행동하였고, 실제 생활에서도 매우 검소하고 절제하며 산 것으로 보인다. 특히 보통 사람들을 한없이 약하게 만드는 돈 앞에서도 전혀 흔들리지 않는 강한 의지력을 보였고, 성욕이나 식욕 등과 같은 욕망에 있어서도 대단한 절제력을 보인 것으로 나타난다. 그는 전쟁터에서 생각에 빠져 한 자리에서 꼼짝도 하지 않고 밤을 새웠으나 멀쩡했으며 추운 날 얇은 겉옷만 입고 맨 발로 얼음 위를 아무렇지도 않게 행군했다. 또 배고픔도 누구보다 잘 참았다. 소크라테스가 술을 마시고 취한 모습을 아무도 보지 못했을 정도로 술에도 강한 것으로 나온다. 그는 늘 맨발로 다녔고, 배고프지 않은데 먹거나 목마르지 않은데 마시도록 유혹하는 '음식의 쾌락'을 조심하라 말한다. 소크라테스는 음식을 탐닉하면 영혼이 망가진다고 생각했다.

그래서 농담조로 『오디세이아』에 나오는 키르케가 음식물로 사람들을 유혹해 돼지로 만들었을 것이라 말한다.

미야자키 하야오 감독의 애니메이션 〈센과 치히로의 행방불명〉에서 치히로는 부모님과 함께 우연히 어떤 터널을 통해 다른 세계로 들어가게 된다. 치히로는 낯선 마을 입구에 있는 가게에서 진수성찬으로 차려진 음식을 보고 욕구를 조절하지 못해 계속 먹다가 결국 돼지로 변한다. 오디세우스가 키르케의 마법에 걸리지 않은 데는 헤르메스의 도움도 있지만, 마구 먹어대지 않고 스스로 절제했기 때문이라 볼 수 있다. 소크라테스는 자신의 욕망을 적절히 조절하고 통제하는 능력이 다른 사람에 비해 월등히 뛰어났던 것으로 보인다.

크세노폰의 소크라테스

우리는 플라톤 이외에 또 다른 제자 크세노폰을 통해서도 소크라테스의 인격을 살펴볼 수 있다. 크세노폰은 플라톤과 달리 철학자라고 할 수는 없다. 철학에 대한 관심이나 학식도 그리 높지 않았다고 평가된다. 실제로 플라톤의 소크라테스와 크세노폰의 소크라테스는 신과 인간, 세계 등에 대해 전혀 다른 입장을 드러내기도 한다.[5] 가령 교육관과 관련해 플라톤의 소크라테스는 자신은 누구의 스승도 아니라고 주장하는 반면, 크세노폰의 소크라테스는 자신이 전문적인 교육자이며 다른 사람들을 가르친다고 말한다.[6] 또 종교관과 관련해서도 플라톤

크세노폰의 흉상

의 소크라테스는 신들이 악의 원인이 될 수 없다고 주장하는 반면, 크세노폰의 소크라테스는 신들이 인간에게 해를 끼칠 수 있다고 주장한다.[7] 크세노폰이 이해하는 소크라테스는 철학자 플라톤이 이해하는 소크라테스와 다르지만 이와 같이 우리가 소크라테스의 다양한 측면을 이해하는 데 중요한 자료를 제공한다.

크세노폰은 소크라테스의 인격과 관련해 플라톤과 거의 비슷한 설명을 하고 있다.[8] 우선 소크라테스는 그 누구보다 성욕이나 식욕 등의 욕망을 절제하는 극기심을 아주 탁월하게 발휘했다고 한다. 다음으로 혹독한 추위나 더위, 다른 모든 고통에 대해 놀라운 인내심을 발휘하기도 했다. 마지막으로 최소한의 것을 가지고도 쉽게 자족적일 수 있는 인물이었다고도 말한다. 크세노폰은 소크라테스가 철학자의 이상적인 조건이라 생각되는 극기심(enkrateia), 인내심(karteria), 자족성(autarkeia)을 모두 갖추고 있다고 생각했다. 그는 바로 이러한 이유 때문에 소크라테스가 아테네 법정에 고발된 이유를 사람들이 어떻게 그리 쉽게 믿었는지에 대해 놀라워한다. 플라톤처럼 논쟁적으로 반박하지는 않지만, 크세노폰은 자신이 믿는 대로 스승을 옹호하고자 노력했다. 크세노폰이 소크라테스에 대해 말하는 이러한 세 가지 특징들은 이후 헬레니즘 시대에 철학적 훈련의 중요한 기준과 목표가 되었다.

역사 속의 소크라테스는 그의 제자들을 통해 다각도로 조명되었다. 그는 정말 평범하지 않은 외모와 정말 예사롭지 않은 영혼을 가진 사람이었다. 인류의 스승이었던 소크라테스 자신이 『변론』에서 예고했듯이 그가 죽은 후 아테네는 쇠퇴하기 시작했다. 물론 소크라테스는 플라톤과 같은 위대한 제자를 낳았고, 플라톤은 다시 아리스토텔레스라는 훌륭한 제자를 낳았다. 그렇지만 소크라테스를 죽음으로 몰고 간 아테네인들은 두 번다시 그와 같이 끊임없이 철학적 삶을 살라고 독려하는 사람을 찾지 못했다. 소크라테스의 정신은 단지 아테네에만 국한되지 않고 전 세계에 퍼졌으며, 당시의 제자였던 플라톤으로부터 현대의 수많은 사상가들에게까지 큰 영향력을 발휘하고 있다.

소크라테스의 법정
- 그는 왜 고발되었을까?

　아테네 법정의 소크라테스 재판은 현대인들에게 매우 충격적인 사실들을 전해준다. 사실 70세가 되어 머리에 하얗게 서리가 내린 소크라테스에게 사형 선고를 내렸다는 사실은 매우 놀랍기까지 하다. 살인을 저지른 것도 아니고, 도둑질을 한 것도 아닌데 소크라테스의 죄가 대체 얼마나 컸기에 사형이라는 극형을 선고한 것일까? 또 살 수 있는 날이 그리 많이 남지 않은 소크라테스를 굳이 사형시킨 점도 마음에 걸린다. 그리스인들은 왜 나이 많은 소크라테스를 굳이 법정에 끌고 나올 수밖에 없었을까? 왜 소크라테스는 그 늦은 나이에 아테네 법정에 출두하게 됐을까? 우리는 이러한 질문을 가슴에 품고 『변론』을 읽기 시작해야 한다.

소크라테스가 말을 잘한다고?

우리는 소크라테스라는 철학자가 말로 유명하다는 사실을 잘 알고 있다. 아테네에서 누구도 말로는 소크라테스를 당해내지 못했다는 사실 또한 잘 알려져 있다. 그런 소크라테스가 아테네 법정에 자기 자신을 변론하기 위해 출두했다면 얼마나 대단한 연설을 했을까? 워낙 유명한 책이라는 이유도 있었지만, 처음 『변론』을 읽을 때 필자는 소크라테스가 도대체 어떻게 변론을 했을까 기대가 매우 컸다. 그러나 끝까지 읽고 난 후 정말 갸우뚱 할 수밖에 없었다. '이상하네? 소크라테스는 굉장히 말을 잘 한다고 했는데? 이게 정말 소크라테스의 변론 맞아? 소크라테스는 도무지 살고 싶은 생각이 없었던 것처럼 보이는데?'하는 생각조차 들었다. 사실 결과만 놓고 본다면 소크라테스가 말을 잘 한다거나 논쟁을 잘 한다는 것은 잘못된 사실이 확실하다. 소크라테스가 정말 '말의 대가'였다면 그는 재판에서 이겨야 했을 것이다. 하지만 소크라테스는 분명히 재판에서 졌을 뿐만 아니라 사형까지 당했다. 도대체 어디서 문제가 있었을까? 우리는 이 희대의 사건을 정확히 확인해 볼 필요가 있다.

과연 소크라테스는 아테네 법정에서 도대체 무슨 말로 이야기를 시작했을까? 소크라테스는 자신의 고소인들이 여러 가지 거짓말을 늘어놓고 있다고 하면서 그중 가장 놀라운 거짓말이 하나 있다고 말한다. 그것은 바로 '소크라테스는 대단히 말을 잘 하기 때문에 속아 넘어가지 않도록 조심해야 한다'는 것이다. 소크라테스는 '말을 잘 한다'는 표현이 진실을 말하는 것이라면 맞지만, 단지 수사학자들이나 소피스트처럼 온갖 미사여구를 동원해 화려하게 연설하는 것 또는 논리정연하게 연설하는 것을 가리킨다면 그것은 틀렸다고 말한다. 소크라테스는 자신에게서 이러한 연설을 들을 일은 없을 것이라고 말하면서 자신은 항상 그때그때 생각나는 말을 되는 대로 한다고 말한다. 왜냐하면 소크라테스 자신은 항상 올바르다고 믿는 것만 말하기 때문이라는 것이다. 아울러 "일흔이 다 된 나이에 젊은 사람들처럼 잔뜩 멋을 내려고 꾸며 말하는 것은 전혀 어울리지 않겠느냐"고 말하기도 한다(17a-d).

사실 플라톤의 대화편에 나오는 소크라테스의 이야기를 살펴보면 실제로 소크라테스가 말을 잘 한다는 생각이 들진 않는다. 이는 순전히 다른 사람이 감탄할 정도로 화려하게 단어를 구사하거나 현학적인 내용을 구사하지 않는다는 것이다. 소크라테스는 보통 간접적으로 또는 에둘러서 말하기보다 정공법을 선택한다. 솔직하게 직접적으로 이야기하는 것이다. 자신이 정말 모르는 경우에는 모른다고 이야기하고, 오히려 상대방에게 직접 되묻기도 한다. 그런데 소크라테스의 질문이 항상 어떤 것의 본질에 관한 것이기 때문에 소크라테스 자신은 물론이고 상대방도 대답하기 어려운 경우가 대부분이라는 것이다. 때로는 다 알면서 묻는 것은 아닌가 싶을 정도로 소크라테스가 문제의 정곡을 꿰뚫는 질문을 던지기 때문에 사람들의 오해를 사기도 한다. 하지만 소크라테스는 철저히 자신은 모르기 때문에 던지는 질문이라고 말한다. 결국 소크라테스 자신이 말을 잘해 속아 넘어가기 쉬우니 조심하라는 말을 믿지 말고, 혹시 자신의 말투가 낯설더라도 이해해주길 바라며 그 자신은 오직 진실을 말할 것이니 다만 그 자신이 올바른 것을 말하는지 혹은 그렇지 않은지만 유의해 달라고 배심원들에게 당부하면서 시작하는 것이다(18a).

소크라테스의 본격적인 변론은 과연 누가 자신을 고발하였는가를 밝히는 일로 시작한다. 법정에 소환됐다면 분명 고소인이 있을 것이다. 그들은 누구일까? 그들은 아테네의 평범한 정치인으로 아니토스(Anytos)와 멜레토스(Meletos), 리콘(Lykon)이라는 사람들이다. 이들이 바로 소크라테스를 아테네 법정으로 출두시킨 사람들이다. 하지만 소크라테스는 실제로 이들보다 먼저 자신을 고발한 최초의 사람들이 따로 있다고 생각했다. 그들은 과연 누구일까? 소크라테스는 직접 자신을 고소한 아니토스와 그 일행보다 그 최초의 고발자야말로 더 두려운 존재라고 말한다. 그들은 숫자도 많을 뿐만 아니라 오랜 시간 동안 자신을 고발해왔기 때문이라고 한다. 그들은 소크라테스가 "하늘 높이 있는 것을 골똘히 생각하는 자이며 지하의 온갖 것을 탐구하는 자, 어떤 주장을 더 강한 주장으로 만드는 자(18b)"라고 소문을 퍼뜨린 사람들이다.

인생을 살다보면 나를 잘 알지 못하는 사람들이 내가 알지 못하는 사이에 무심코 말을 내뱉는 경우가 있다. 이 말은 사람들의 입을 통해 돌아다니다 결국 자신에게 비수가 되어 돌아오는 경우가 많다. 요즘은 진위 여부가 확인되지 않은 악의적 비방이 인터넷을 통해 돌아다니면서 사람들에게 돌이킬 수 없는 상처를 주거나 심한 경우 특정인을 자살로 몰아가는 경우까지 발생하고 있다. 내가 사회적으로 유명한 사람이 이니라 안도를 느끼는 경우도 있지만 평범한 사람들도 예외가 아닌 경우도 많다. 과학 기술의 발달과 정보화 시대로 나아가는 상황 속에서 상호 감시사회로 변화하고 있기 때문이다. 소크라테스는 어떤 사람들은 아주 어렸을 때부터, 어떤 사람들은 청년이 된 후부터 소크라테스 자신에 대한 비난을 듣고 자랐는데 이는 마치 아무도 변론해 주는 사람이 없는 결석 재판 형태와 같다고 말한다. 그들은 마치 그림자와 같아 이들을 재판에 출석시킬 수도 심문할 수도 없었다. 그러나 소크라테스는 이들이야말로 가장 두려운 고발자라고 한다.

실제 우리가 가장 두려워할 만한 것은 이러한 선입견이나 편견 또는 오해다. 처음 들을 때는 '설마' 하는 의심으로 시작하지만 반복되면 사실로 각인되기 쉬운 것들이 아닌가! 차라리 서로 얼굴을 맞대고 비판이나 비난을 하면 자신을 변론할 수도 있고 상대방을 설득할 수 있는 기회라도 갖지만, 불특정 다수의 사람들이 오랜 세월 가진 편견이나 오해를 씻기란 쉽지 않다. 누가 무엇을 어디서 어디까지 오해를 하고 있는지 알지 못하는 상태에서는 그 무엇에도 대처할 수 없기 때문이다.

소크라테스는 왜 비난 받았을까?

자, 이제 소크라테스는 보이지 않는 적들이 아닌 보이는 적들과 이야기하려 한다. 소크라테스를 아테네 법정에 고소한 이들은 도대체 무엇을 고발했을까? 우리는 공식적인 진술서를 확인할 수 있다.

> "소크라테스는 죄를 지었으며 주제넘은 짓을 하고 있습니다. 그는 땅 밑과 하늘에 있는 것들을 탐구하는가 하면 더 약한 주장을 더 강한 주장으로 만들기도 하고, 바로 이것을 다른 사람들에게 가르치고 있습니다."(19b-c)

소크라테스는 고소인의 진술서 내용을 통해 기존의 비방이 무엇인지 알 필요가 있다고 말한다. 그것은 첫째, 지하에 있는 것과 하늘에 있는 것을 탐구하는 것. 둘째, 더 약한 주장을 더 강한 주장으로 만드는 것. 셋째, 이러한 것을 다른 사람들에게 가르치는 것이라고 한다. 소크라테스는 먼저 당시 유명 희극작가였던 아리스토파네스의 작품『구름』에 나오는 내용을 소개한다. 이 작품에서 소크라테스는 바구니를 타고 오르내리면서 공기 위로 걷고 있다 말하기도 하고, 그밖에 많은 어리석은 짓을 일삼는 사람으로 언급된다. 사실 소크라테스 자신이 지적하듯 이런 어처구니없는 비방마저 일반인들이 사실로 받아들일 정도가 되었다는 것은 당사자 입장에서는 매우 황당한 일이 아닐 수 없다.

더욱이 소크라테스가 사람들을 가르치면서 대가를 강요한다는 말도 헛소문에 불과하다. 소크라테스는 자신이 인간다움이나 시민으로서의 훌륭한 상태에 대해 잘 알지 못하기 때문에 누군가를 가르치는 것은 어렵다고 말한다. 이는 곧 그가 돈을 받고 누군가를 가르치지 않았다는 말이다. 그러나 당시 이러한 전문지식을 가지고 있다고 말하는 소피스트들은 당시 기술자들의 일당 기준으로 거의 500일을 일해야 받을 수 있는 돈을 한꺼번에 받았고, 유명한 프로타고라스는 10,000일에 해당하는 돈을 받고 가르침을 전하기도 했다고 한다. 그럼 아테네 사람이라면 소크라테스가 가난하다는 사실을 모두 다 아는 상황에서 그가 소피스트로 오해받게 된 이유는 무엇일까? 어느 누구도 소크라테스가 진실로 누구인가를 밝히는 데는 관심이 없었고, 아테네 사회에 나타난 부정적인 현상들에 대해 책임을 질 희생양이 필요했기 때문이다.

아리스토파네스의 소크라테스

사실 소크라테스에 대해 아테네인들이 엄청난 오해를 하게 된 배경에는 당시의 유명 희극작가였던 아리스토파네스의 영향이 가장 크다. 아리스토파네스의 『구름』이라는 작품을 보자. 스트렙시아데스라는 농부가 아들로 인해 빚을 져 빚쟁이들에게 시달리게 되자 상황을 모면해 보기 위해 소크라테스의 학교를 찾아온다. 소크라테스의 학교는 수사학을 통해 올바르지 못한 주장을 가지고도 승리할 수 있는 법을 가르치는 곳이다. 하지만 스트렙시아데스는 재능이 없어 대신 아들을 입학시킨다. 다행히 아들은 소크라테스로부터 수사학을 제대로 배워 스트렙시아데스를 빚쟁이로부터 벗어날 수 있게 해준다. 그런데 아들이 궤변을 늘어놓기 시작하더니 아버지를 때려도 된다고 주장하는 등 파렴치한 말까지 일삼게 된다. 스트렙시아데스는 이모든 것이 소크라테스의 가르침 때문임을 알게 되고 학교에 불을 지르는 것으로 막을 내린다.

여기서 소크라테스는 평상시에 바구니에 앉아 천체 현상을 탐구하는 인물로 그려지며 아테네가 믿는 신들을 더 이상 믿지 않을 뿐만 아니라, 젊은이들을 수치심도 모르는 오만방자한 사람으로 타락시키는 소피스트로 그려진다. 사실 이러한 모습들은 『변론』에서 소크라테스가 아테네 법정에 고발당한 공식적인 이유로 등장한다. 아리스토파네스는 소크라테스가 학교를 차려 보수를 받고 수사학을 가르칠 뿐만 아니라 천체 현상을 연구하는 데 몰두하며, 심지어 남의 물건을 훔치기까지 하는 인물로 그리고 있다. 그러나 플라톤이나 다른 제자들은 소크라테스가 학교는커녕 아고라(agora)에서 누구하고도 토론하지 않고, 전혀 보수를 받지 않으며 자연현상보다는 인간에 관심을 갖고 탐구하면서 항상 올바르게 살 것을 강조한 사람으로 그린다.

그럼에도 불구하고 당대 아리스토파네스와 같은 유명 희극

작가가 소크라테스를 희화화한 작품을 썼고 공연까지 했기 때문에 소크라테스에 대한 일반인들의 오해는 깊어졌을 것이다. 아리스토파네스의 입장에서는 당대 활동하던 소피스트와 비슷한 인물로 소크라테스가 보였을 테고, 소피스트로 인한 사회적 혼란을 소크라테스를 통해 비방하려 했던 것일 수도 있다. 그러나 그의 언급은 실제로 소크라테스에 대한 다른 증언들과 어긋나는 부분이 많을 뿐만 아니라 그의 작품 내에서 나타나는 비일관성으로 인해 거의 지지받지 못하고 있다.

하지만 중요한 사실은 당시의 대중매체라 할 수 있는 희극 작품을 통해 소크라테스에 대한 오해가 확산되면서 이를 불식시키기 위해 소크라테스 자신이 아무리 노력을 해도 별다른 소용이 없었다는 것이다. 결국 소크라테스는 아리스토파네스를 비롯한 최초의 고발자들을 통해 아테네 법정에 고발당하고 사형을 당하게 된 것이다. 물론 플라톤과 다른 제자들도 소크라테스에 대한 오해를 바로잡고자 백방으로 노력했지만, 이미 죽은 소크라테스를 살려낼 수는 없었다. 『변론』을 보면 소크라테스는 이미 모든 상황을 알고 있었기 때문에 죽음을 각오했고, 마지막으로 자기 자신을 구하기 위해서가 아니라 아테네인들을 구하기 위한 변론을 하고 있다.

델포이 신탁과 현자

다시 플라톤의 『변론』으로 돌아가 보자. 실제로 당시 소크라

델포이 신전 터

테스가 다른 사람들로부터 비난을 받게 된 이유는 무엇일까?
소크라테스는 자신이 유명해진 것은 소피스트가 가진 지식과
다른 지혜 때문이라고 말한다. 여기서 소크라테스는 자신이 이
제 말할 내용 때문에 사람들이 오해하거나 소란을 일으킬까봐
걱정하면서 이야기를 시작한다. 그것은 바로 델포이 신탁과 관
련된 이야기다. 카이레폰이라는 지나치게 열성적인 친구가 델
포이까지 가서 소크라테스보다 더 현명한 사람이 있는지 물었
는데 신탁이 없다고 대답했다는 것이다. 바로 이 때문에 혹시
소크라테스는 다른 사람들이 소동을 일으킬까 재차 걱정하고
있는 것이다. 지금이야 소크라테스가 가장 현명한 사람이라고
해도 별로 이상하게 생각하지 않겠지만, 당시 아테네 사회에서
는 어림도 없는 소리였기 때문이다. 페르시아 전쟁 이후 아테네

는 문화의 중심지가 되었다. 당시 지중해 주변에서 나름 유명한 지식인들은 모두 아테네로 몰려들었고, 아테네에는 세계 유명 희비극 작가나 수사학자들이 많았기 때문에 '소크라테스가 가장 현명한 사람'이라는 건 말도 안 되는 사실로 여겨질 수 있기 때문이었다.

도대체 소크라테스는 자신에 대한 더 많은 오해가 발생할지도 모른다고 걱정하면서도 왜 이러한 이야기를 꺼내고 있을까? 그것은 바로 사람들이 어떻게 자신에 대해 잘못된 선입견을 갖게 되었는지를 설명하기 위해서이다. 실제 그는 이 신탁의 내용 때문에 나름 고민을 많이 한 것으로 보인다. 소크라테스는 자신이 가장 현명한 사람이 아니라는 사실을 분명히 알고 있음에도 불구하고, 왜 신이 자신을 가장 현명한 사람이라고 말하는지 알 수 없었기 때문이다.

> "도대체 신은 무엇을 말하고 있으며 도대체 무엇을 암시하고 있는 것일까? 내 자신이 현자가 아니라는 것은 스스로도 알고 있는데 말이다. 그렇다면 신이 나를 두고 가장 현명한 자라고 선언하는 것은 도대체 무슨 의미로 말하는 것일까? 신이 거짓말을 하지 않을 것은 분명한데 말이다. 그것은 신에게는 해당되지 않기 때문이다."(21b)

소크라테스의 입장에서 신이 거짓말을 하는 존재는 아니기 때문에 신탁이 잘못되었을 리 없다는 것이다. 그렇다면 신은 왜 이러한 신탁을 내렸을까? 소크라테스조차 신탁을 부정하는 불경건한 행동은 감히 엄두도 내지 못했다. 그렇지만 도저히 이해가 가지 않는 신탁의 내용을 어떻게 받아들여야 할지 알아낼 방법을 찾을 필요는 있었다. 그래서 궁여지책으로 내놓은 방법이 당시 아테네 사람들이 현명하다고 이야기하는 사람들을 직접 찾아다니는 것이었다. 소크라테스는 정치가들, 시인들, 비극작가들, 기술자들 등을 만나 이야기 해보게 되었다.

소크라테스의 무지와 지적 모험

소크라테스가 아테네의 지식인들을 만나고 다니면서 내린 결론은 그들 대부분 자신이 현명하다고 생각하지만 실제로는 그렇지 않다는 것이었다. 그래서 그는 다음과 같이 나름의 결론을 내리게 되었다.

> "이 사람보다는 내가 더 현명하지. 사실 우리 중 어느 누구도 '아름답고 훌륭한 것'을 전혀 알지 못하는 것처럼 보이는데, 이 사람은 자기가 실제로 대단한 것을 알고 있다고 생각하고 있군. 그렇지만 나는 실제로 내가 알지 못하는 것을 알고 있다는 생각조차 하지 않기 때문이야. 하여간 바로 이 사소한 한 가지, 즉 내가 알지 못하는 것을 내가 알고 있다고 생각하지도 않는다는 이 사실로 인해 내가 적어도 이 사람보다는 더 현명한 것 같군."(21d)

소크라테스가 다른 아테네의 지식인들보다 현명한 이유는 단지 그가 자신이 아무 것도 알고 있지 않다는 사실을 알고 있고, 다른 사람들은 자신이 알지 못하는 것을 알고 있다고 생각하기 때문인 것이다. 델포이의 신탁을 이해하기 위한 지적 여정은 여기서 일단락됐지만 문제는 다른 데서 일어났다. 소크라테스가 이러한 사실을 밝혀내는 과정에서 많은 사람들에게 미움을 사게 된 것이다. 이로 인해 다른 사람들에게 증오심을 불러일으켜 악의적인 비방이 생겨나게 되었을 뿐만 아니라 소피스트로 오해받게 된 것이다. 소크라테스는 자신이 미움을 사게 되었다는 것을 알고 슬프고 두렵기까지 했다고 말한다. 그럼에도 불구하고 신의 일을 가장 중요하게 생각해야 한다고 말했다. 그래서 신탁의 말이 무엇을 의미하는지 알아내기 위해 무언가 알고 있다고 생각되는 모든 사람들을 찾아다닐 수밖에 없었다고 말한다(21e).

　　여기서 소크라테스는 여기 저기 이 사람 저 사람을 찾아다니면서 사람들과 만나는 일이 자신에게 얼마나 힘든 일이었는지를 말한다. 그것은 마치 헤라클레스가 치른 열두 가지 영웅적 모험처럼 힘든 일이었다고 한다. 그는 먼저 정치인들을 찾아보고, 다음으로 비극작가들과 시인들을 찾아갔으며 마지막으로 기술자들을 찾아갔다. 이렇게 다른 사람들에게 캐묻고 다니면서 수많은 원성을 샀고, 심지어 증오심까지 일으켜 엄청난 비방이 생겨났다고 한다. 결국 그는 델포이 신탁이 한 말의 의미가 다음과 같을 것이라고 추리했다.

"여러분! 사실 신은 지혜롭습니다. 또한 신은 이 신탁에서 이 점, 즉 인간적인 지혜는 별로, 아니 전혀 가치가 없음을 말하고 있는 것 같습니다. 또한 신은 이 소크라테스를 말하기는 했지만 저를 본보기로 삼기 위해 저의 이름을 이용한 것 같아 보입니다. 마치 '인간들이여! 그대들 중에는 이 사람, 즉 누구든 소크라테스처럼 지혜와 관련해 자신이 진실로 전혀 보잘것 없다는 사실을 깨달은 자가 가장 지혜로운 자이니라'하고 말하려 한 것처럼 말입니다. 그렇기 때문에 저는 아직까지도 그 신으로 인해 돌아다니면서 같은 시민들 가운데서든 또는 다른 도시 사람들 가운데서든 누군가 지혜로운 사람으로 생각되면 직접 찾아가 그를 살펴보고 있습니다. 만나본 후 제가 보기에 그 사람이 지혜롭지 못한 것으로 여겨지는 때에는 제가 그 신을 도와 그가 지혜롭지 못함을 지적해 줍니다. 이런 일들로 바빠서 저는 나랏일이나 집안일을 돌볼 겨를이 없었고, 오히려 신에 대한 이러한 봉사로 인해 지독하게 가난한 신세가 되었습니다."(23a-c)

결국 델포이 신탁이 소크라테스를 가장 지혜로운 사람이라고 선포한 이유는 그가 정말 지혜로운 사람이라서가 아니라, 그가 스스로 지혜롭지 않다는 사실을 깨달았기 때문이며 나아가 다른 사람들이 이를 깨우칠 수 있게 하기 위해서다.

소피스트와 소크라테스

소크라테스는 자신이 하는 일은 오직 신에 대한 봉사이며 헌신이라고 말한다. 그는 자신이 이렇게 돌아다니다 보니 아무 일도 하지 않아 오히려 지독하게 가난하게 되었다고 말한다. 사실 다른 소피스트들이 자신을 찾아오는 사람들을 가르치면서 엄청난 부를 쌓고 있는 것과 비교되는 대목이라 할 수 있다. 그럼에도 불구하고 소크라테스는 소피스트로 오해받으며 낙인 찍혔다. 단지 그가 소피스트처럼 말을 잘 한다는 이유에서 말이다. 플라톤은 소크라테스가 죽은 후에도 소크라테스를 자기 작품의 주인공으로 삼아 그가 소피스트가 아니라는 사실을 아테네 시민에게 알리려 했다. 그렇게 지속적으로 노력해야할 만큼 오해의 뿌리는 깊었던 것 같다.

그렇지만 소크라테스가 의도하지 않은 또 다른 문제가 일어났다. 소크라테스가 각 방면의 전문가라고 자처하는 유명 인물들을 찾아다니면서 대화를 나누던 중 그 자리에 함께 있던 사람들이 소크라테스를 지혜로운 사람으로 오해하게 된 것이다. 그러나 이는 소크라테스의 입장에서는 '오해'이고, 그의 제자들 입장에서는 '진실'이었을 것이다. 더욱이 이로 인해 당시 여가가 많았던 부잣집 젊은이들이 자진해서 소크라테스를 따라다니게 되었을 뿐만 아니라, 소크라테스의 방식을 즐기며 때로는 흉내 내어 다른 사람들에게 캐묻고 다니는 일이 벌어지게 되었다. 그런데 이렇게 소크라테스를 모방한 젊은이들에게 공격 받은 아테네인들은 당사자인 젊은이들이 아니라 그들을 전혀 모르고 있는 소크라테스에게 화를 내었다.

나아가 그들은 "소크라테스라는 사람이 지극히 혐오스런 자이며 젊은이들을 타락시킨다"고 소문까지 내고 다녔다. 하지만 누군가 그들에게 "소크라테스가 도대체 무슨 짓을 하고 있고 무엇을 가르치느냐?" 물으면 그들은 아무 대답도 할 수 없고 아는 것도 없었다. 그럼에도 불구하고 그들은 당황하는 것처럼 보이지 않기 위해 철학자들에 대해 일반적으로 말하는 바를 늘어놓았다. 당시 사람들은 철학자들이 하늘 높이 있는 것들과 지하의 것들을 연구한다든가 신들을 믿지 않는다든가, 또는 더 약한 주장을 더 강한 주장으로 만드는 이들이라 말했다. 이들이 소크라테스를 줄기차게 비방해 왔기 때문에 결국 멜레토스와 아니토스, 리콘과 같은 젊은이들이 이 모든 이들을 대표해 소크라테스를 아테네 법정에 고발한 것이다.

소크라테스의 ^{재판}

- 그는 왜 재판에서 졌을까?

누가 아테네의 청년들을 타락시켰나?

소크라테스는 본격적으로 고소인의 주장에 대한 변론을 하기 전에 자신에 대해 예전부터 존재한 비방의 원인이 무엇인지를 살펴보았다. 소크라테스는 아테네 법정에서 자신을 직접 고발한 원고들에 대해 두려움을 갖고 있지 않았다. 왜냐하면 그들은 어려서부터 소크라테스에 대해 비방을 듣고 자라 자신이 가진 편견이 잘못되었다는 사실을 정확히 알지 못하며, 자신의 입장을 말하면서 소크라테스를 공격하기 때문에 오히려 소크라테스에게 답변할 수 있는 기회가 생기기 때문이었다. 그러나 정말 두려운 사람들은 자신이 누구인지를 밝히지 않으면서, 또 정확히 사실을 알지도 못하면서 다른 사람을 비방하고 중상하는 사람들이다. 그들은 처음에는 무심코 남의 비방을 흥밋거리로 듣고 반복해서 말하다 결국 사실로 믿고, 이를 사실처럼 말하면서 사람들 사이에 은밀히 퍼뜨리는 사람들이다. 소크라테스는 바로 이런 사람들이 가장 무서운 사람이라고 말한다.

소크라테스는 이름을 알 수 없는 최초의 악의적 비방자들이 왜 생겨났는지를 추론한 후, 본격적으로 아니토스를 비롯한 직접적 고소인들의 진술서를 분석해 하나씩 답변을 하고 있다. 소크라테스는 공식적인 고소장의 내용을 다음과 같이 말한다.

"소크라테스는 젊은이들을 타락시키고, 우리가 믿는 신들을 믿지 않고 다른 새로운 영적인 것들(daimonia)을 믿음으로써 죄를 범하고 있다."(24b-c)

먼저 소크라테스가 젊은이를 타락시켰다는 혐의부터 살펴보자. 소크라테스는 자신이 젊은이를 타락시켰다는 주장에 대해 고소인 중 한 명인 멜레토스를 집어 말하고 있다. 소크라테스는 이에 대해 두 가지로 나누어 반박한다. 하나는 젊은이를 교육시키는 것이 다수의 사람인지 아니면 소수의 사람인지를 통해 전문적 지식이 있는 사람이 이에 합당하다는 사실을 보여준다. 다른 하나는 만약 젊은이를 타락시킨다 할지라도 고의적으로 그렇게 한 것인지 본의 아니게 그렇게 한 것인지에 대한 것이다.

우선 소크라테스는 멜레토스에게 청소년이 가장 훌륭하게

되는 일을 상당히 중요한 일로 여기지 않느냐 묻고 "그렇다"는 대답을 얻어낸다. 그리고 누가 젊은이를 훌륭하게 만드는지를 물어 "법률"이라는 대답을 얻는다. 다음으로 만약 그렇다면 법률을 아는 사람은 누구냐고 묻는다. 멜레토스는 재판관 또는 배심원이다. 이들이 젊은이를 훌륭하게 만든다고 생각하며 나아가 협의회나 민회의원들은 물론 방청객들 모두 젊은이를 훌륭하게 만들지만, 소크라테스만 예외적으로 젊은이를 타락시킨다고 말한다.

이에 소크라테스는 말을 예로 들어 설명한다. 멜레토스의 이야기가 맞다면 모든 사람이 말을 훌륭하게 만드는데 단 한 사람이 말을 망치는 것인가, 아니면 아주 소수의 조련사들이 말을 훌륭하게 만들고 다수의 사람들이 말을 망쳐놓는가를 묻는다. 즉 소크라테스는 모든 사람들이 젊은이를 훌륭하게 만들기보다는 전문적인 지식을 가진 소수의 사람들이 그렇게 할 수 있다고 말하는 것이다(24c-25c). 다시 말해 멜레토스가 주장하는 것처럼 모든 사람이 젊은이를 훌륭하게 만들 수는 없다는 결론을 내린다.

다음으로 소크라테스는 자신이 아테네 법정에 끌려온 이유가 자신이 고의로 젊은이를 타락시킨 것인지 아니면 본의 아니게 그렇게 한 것인지를 묻는다. 멜레토스는 소크라테스가 고의적으로 젊은이를 타락시켰다고 말한다. 이에 소크라테스는 말도 안 되는 소리라고 하며 자신 외에 누구도 납득하지 못할 것이라 한다. 만약 어떤 사람이 자신과 함께 있는 사람들 중 누군가를 나쁜 사람으로 만든다면 나중에 해를 입을 위험에 처하게 되는데 바보가 아닌 다음에야 그렇게 할 리 만무하다는 것이다. 따라서 첫 번째 기소 내용에는 문제가 있다고 지적한다 (26a).

어떻게 신들을 믿지 않을 수 있는가?

소크라테스가 아테네 법정에 기소된 두 번째 이유를 살펴보자. 그것은 소크라테스가 아테네가 믿는 신들을 믿지 않고 다른 영적인 것들을 믿는다는 것이다. 소크라테스는 멜레토스에게 이것이 아테네가 믿는 신을 믿지 않는다는 것인지, 아니면 신을 전혀 믿지 않을 뿐만 아니라 다른 사람들에게 이렇게 가르치는지를 묻는다. 멜레토스는 소크라테스가 신들을 전혀 믿지 않는다며 그를 무신론자로 몰아붙인다. 아마도 소크라테스를 무신론자로 몰아야 훨씬 쉽게 법정에서 승리할 수 있기 때문이었을 것이다. 그래서 멜레토스는 자신이 처음 주장한 것보다 더 강하게 소크라테스를 비판하고 나선다. 그렇지만 이는 무리수를 둔 것이었다.

소크라테스는 멜레토스에게 아낙사고라스(Anaxagoras: 고대 그리스의 철학자)를 고발했냐고 오히려 역정을 낸다. 아낙사고라스는 '태양은 불타는 돌덩어리'라고 말해 당시 아테네인들이 무신론자로 여긴 인물이다. 소크라테스는 아낙사고라스의 책은 아테네 시중에서 누구나 사서 볼 수 있는 책이라고 하며, 멜레토스가 소크라테스를 아낙사고라스로 착각하지 않은 다음에야 자신을 무신론자로 몰아붙일 수 없을 거라 주장한다.

또 소크라테스는 자신이 영적인 것들을 믿는 것이 아무 신도 믿지 않는 것이라 주장하는 것은 모순이라 주장한다. 그것은 마치 인간사가 있다고 말하면서 인간은 없다고 말하는 것과 똑같다고 한다. 영적인 것들(daimonia)은 정령적인 것들을 가리킨다. 정령적인 것들이 있다면서 정령들(daimones)이 없다고 말하는 것은 모순이 아니냐는 것이다. 나아가 정령을 믿는다면 신을 믿는 것이다. 왜냐하면 정령들은 신이거나 또는 신의 자식이라는 사실을 누구나 알고 있기 때문이다. 따라서 멜레토스가 말한 것처럼 소크라테스가 새로운 영적인 것들을 믿으면서 정령들을 믿지 않거나 신을 전혀 믿지 않는다는 건 모순이라는 얘기다.

소크라테스는 이와 같이 멜레토스의 기소 내용을 반박함으로써 자신이 죄를 짓지 않았다고 변호한다. 소크라테스는 멜레토스의 기소는 이 정도로 충분히 반박되었다고 생각한다. 하지만 오랜 세월 불특정 다수의 사람들이 자신에게 적대심을 가져온 것에 대해서는 여전히 걱정한다. 그는 만약 자신이 유죄 판결을 받게 된다면 그것은 불특정 다수의 비방과 시기 때문일 것이라고 말한다.

어떤 신을 믿을 것인가

　그러나 소크라테스에 대한 아테네 시민들의 감정은 그렇게 간단한 방식으로 뿌리 뽑을 수 없는 것이었고, 상당히 질기고 강한 생명력을 지니고 있었다. 플라톤은 『제7서한』에서 소크라테스가 사형 선고를 당한 이유는 불경죄였다고 주장한다. 흥미롭게도 그리스인들은 다신교를 가지고 있어 다양한 신을 믿고 있었다. 또 그리스의 전통적인 올림포스 신들 외에 다른 지역의 신들 중에 유명한 신을 모두 수입해 숭배할 정도로 열광적이었다. 소크라테스의 고발장에 등장하는 당시의 불경죄는 일차적으로 무신론이었고, 기존의 종교관습이나 의식에 반대하는 행동이었다. 또 신들에 대한 올바르지 못한 믿음, 나아가 대중을 타락시키는 가르침이나 연설도 포함될 수 있었다.

　소크라테스가 불경죄로 고소된 건 아마도 당시의 전통적인 믿음과 어긋나는 견해를 가졌기 때문일 것이다. 사실 소크라테스는 기존의 올림포스 종교의 신앙과 분명히 다른 입장을 보인다. 소크라테스는 호메로스(고대 그리스 최고의 서사시인)를 반박하면서 신은 '완전히 선한 존재'라고 말한다. 또 호메로스와 같은 시인의 작품에서 크로노스(Kronos)가 아버지 우라노스(Uranus)를 거세하고, 제우스가 크로노스에 대해 반란을 일으키는 등과 같은 사건을 전면 부정한다. 이어 인간들이 기도하고 희생제물을 바친다고 해서 신이 이를 용서해주는 것은 올바르지 않다고 주장한다. 이 주장대로라면 수많은 종교적 희생제의를 부정하는 것이 되지 않겠는가. 사실 이러한 신관이 현대인에게는 친숙하지만 고대 아테네인들에게는 낯선 것이 될 수 있다. 이름은 동일하지만 본질이 다른 신을 믿기 때문에 당시 이를 이해할 수 없던 아테네 시민들은 소크라테스가 다른 신을 믿거나 신을 믿지 않는다고 오해할 법하다.

왜 소크라테스는 죽을 수밖에 없었나

당시 소크라테스보다 훨씬 더 심각한 무신론자나 불가지론을 주장하는 많은 철학자와 정치가, 작가들이 있었지만 종교적인 문제로 사형까지 받는 경우는 없었다. 가령 그리스의 희극작가 아리스토파네스는 제우스뿐만 아니라 디오니소스도 조롱했다. 하지만 멀쩡하게 아테네에 남아 있었고, 아낙사고라스는 '태양이 불타는 돌덩어리'라고 하는 불경죄를 저질렀음에도 벌금형만 물고 추방당했다. 또 유명한 소피스트 프로타고라스(Protagoras)는 "신들이 존재하는지 존재하지 않는지 알 수 없다"고 하며 불가지론을 펼쳐 불경죄로 고발됐지만 아테네에서 도망쳤다.

소크라테스의 재판은 당시 전통 종교와 어긋난 믿음이나 말에도 불경죄가 적용된 중요한 사례로 볼 수 있다. 소크라테스자신은 신을 조롱하거나 돌덩어리라고 부르거나 신의 존재를의심하는 말을 한 적이 없다. 플라톤이나 크세노폰의 증언에의하면 그는 오히려 기도와 제물을 바치는 일에 소홀하지 않은 사람이었다. 소크라테스가 향연에 참석해 많은 술을 마시고도 새벽에 기도를 하는 모습이나 신을 경배하는 모습이 자주 드러나며, 마지막 날 독약을 마시고 죽어가면서도 의술의 신 아스클레피오스(Asklepios)에게 닭 한 마리를 대신 바쳐달라고 크리톤에게 부탁할 정도였다.

그럼에도 불구하고 아테네 법정의 고발자들이 소크라테스를 불경죄로 옭아매려 했던 이유는 무엇일까? 그것은 당시 펠레폰네소스 전쟁이 끝난 직후 아테네인들에게 전통적인 종교적 믿음을 보다 엄격하게 적용하려는 경향이 나타났고, 좀 더 확실하게 소크라테스가 유죄 판결을 받게 하려는 불순한 의도가 연관되어 있다고 볼 수 있다. 앞서 소크라테스가 소피스트의 전형적인 인물로 오해받았다는 이야기를 전한 바 있다. 당시 아테네인들은 기원전 404년 펠레폰네소스 전쟁에서 스파르타에게 패배해 아테네인들이 자랑하던 민주주의가 무너지고, 30인 과두정 시기를 1년이나 겪었다.

소크라테스가 재판을 받던 해는 기원전 399년이었다. 유명한 소피스트는 이미 다 사라졌지만, 아테네인들은 전쟁의 패배 이유를 소피스트들에게 돌렸다. 그들이 아테네인들을 도덕적으로 타락시키고 정치적으로 실패하게 만든 주적인 셈이었다. 소피스트의 궤변술을 배운 정치인들이 전쟁 중 시칠리아를 공격하도록 설득해 아테네인들이 공격을 감행했지만 엄청난 참패만 안겨주었다. 더욱이 멜로스(Melos) 섬을 공략하도록 설득해 대량학살을 하게 만들었고, 나중에 아테네인들에게 치욕을 가져다 준 악명 높은 사례를 만들었다. 펠레폰네소스 전쟁의 패배를 인정하기 힘들었던 아테네인들은 모든 책임을 소피스트에게 돌렸다. 이러한 상황에서 아테네인들은 '소피스트' 소크라테스를 희생양으로 선택한 것이다.

너무나 진실하게, 지나치게 솔직하게

그렇지만 『변론』에 등장하는 소크라테스는 소피스트와는 전혀 다른 화법을 보여주고 있다. 플라톤의 작품을 보면 소크라테스나 플라톤은 수사술에 대해 거의 부정적인 입장이다. 소피스트들은 대중의 기분을 좋게 만들거나 대중에게 호의를 얻기 위해 수사술을 사용하지만, 소크라테스 자신은 대중을 훌륭하게 만들기 위한 목적으로 활용하기 때문이다. 소크라테스가 사용하는 방법은 문답법과 산파술, 논박 등으로 진리를 인식하도록 하는 데 목표가 있다. 그렇지만 소피스트들이 사용하는 수사술은 단지 상대방을 이기는 데 목표가 있고, 돈을 벌기 위한 수단으로 사용되어 비도덕적이라 여겨졌다. 하지만 당시 수사술 전체를 살펴볼 때 플라톤의 평가는 지나친 바가 없지 않다. 모든 수사술이 비도덕적이지는 않기 때문이다.

플라톤의 제자 아리스토텔레스는 수사술을 '어떤 주제에 대해서든 가능한 설득 수단을 찾아내는 능력'이라고 정의했다.[9] 청중을 설득하기 위한 방법으로 첫째, 이성이나 논리를 사용하는 방법. 둘째, 감정에 호소하는 방법. 셋째, 호감을 주는 성격을 보이는 방법이 필요하다고 한다. 물론 이는 당시 아리스토텔레스가 아테네의 수사술을 정리하면서 분류한 것이다. 그는 플라톤과 달리 기본적으로 수사술에 대해 중립적인 입장을 보인다. 아리스토텔레스의 수사술을 적용해보면 소크라테스의 변론은 부분적으로는 성공적이지만 부분적으로 실패. 첫 번째 이성이나 논리를 사용하는 방법과 관련해 소크라테스는 자신이 아테네 법정에 고발된 이유를 심도 있게 분석해 들어가는 방법을 사용하면서 자신에 대한 해묵은 오해를 벗어내는 데 어느 정도 성공한 것으로 보인다. 비록 소크라테스가 1차 판결에서 유죄 선고를 받았지만 근소한 차이였다. 아주 오랜 세월 소크라테스에 대한 오해가 존재해왔음을 생각한다면 상당한 격차를 줄이는 데 일정 부분 성공하였다고 볼 수 있는 것이다.

그러나 1차 판결 이전의 소크라테스의 변론에서 두 번째 감정에 호소해 연민을 이끌어내는 방법은 전혀 활용되지 않았다. 소크라테스 자신이 이러한 방법은 공정한 재판에서 사용되어서는 안 된다고 선포했기 때문이다. 2차 판결에 가면서 두 번째 방법과 세 번째 방법은 소크라테스의 변론에 독이 되었다. 소크라테스는 소피스트가 주로 사용했던 두 번째 방법을 쓰지 않으려 했을 뿐만 아니라 오히려 역효과를 불러일으켰다. 나아가 세 번째 호감을 주는 성격을 보여주는 방법 역시 완전히 실패하고 만다. 지나치게 솔직하게 말하면서 실제로 이전보다 더 비호감이 되어버렸기 때문이다. 1차 판결이 끝나고 소크라테스의 변론을 보면 자신에 대해 지나치게 솔직해서 '불편한 칭찬'

과 대중에 대해 소름끼칠 만큼 냉정한 비판을 서슴지 않는다.

소크라테스는 변론을 통해 자기 자신을 구하려 하기보다는 오히려 아테네 시민들을 구하려 했다. 그래서 그는 약이지만 독처럼 쓰디쓴 말을 뱉어낸 것이다. 소크라테스의 진심을 이해한 아테네 시민들도 분명 있었을 것이다. 또 소크라테스를 어느 정도 이해하긴 하지만 정치적 현실을 더 걱정한 사람, 소크라테스의 말을 귀찮게 여긴 사람도 있었을 것이다. 나아가 처음부터 소크라테스를 오해하고 있었으며 아예 이해하기를 거부한 완고한 사람도 있었을 것이다. 어쩌면 그를 마지막 소피스트라고 확신하는 사람도 있었을 것이다. 소크라테스는 아테네 시민들이 자신의 변론을 어떻게 받아들일 것인지 전혀 눈치 채지 못하는 사람은 아니었을 것이다. 그럼에도 불구하고 그는 모든 것을 솔직하고 진실하게 말하는 방법을 선택했다. 이 또한 수사술과 같이 아테네 시민들을 '설득하는 방법'이라고 할 수 있다. 그러나 그것은 자신이 아무런 죄가 없음을 설득하는 방법이 아니라, 무엇이 올바르고 어떻게 사는 것이 가장 좋은지를 설득하는 방법을 말한다. 이것이야말로 소크라테스가 재판에서 진 이유이고, 아테네 시민들이 이성을 잃은 이유다. 그는 죽음의 위험을 무릅쓰고 진실을 말하려 했고, 아테네 시민들은 죽음을 통해 진실을 외면하려 한 것이다.

죽음을 두려워하지 말라

소크라테스는 우리에게 영웅적 삶을 살도록 격려한다. 그는 우리가 살아가면서 무언가 결단해야 할 중요한 시점에 이르렀을 때 어떻게 해야 하는지를 분명하게 말하고 있다.

> "누구든지 조금이라도 쓸모 있는 사람은 죽느냐 사느냐 하는 위험을 고려해야 하며, 올바른 것을 행하는지 올바르지 못한 것을 행하는지, 또한 좋은 사람의 행위를 하는지 아니면 나쁜 사람의 행위를 하는지만 고려해서는 안 된다고 생각한다면 제대로 말하는 것이 아닙니다."(28b)

소크라테스는 우리가 무언가를 행할 때 그것이 올바른지 아닌지를 고려해야지, 죽느냐 사느냐 하는 위험을 고려해서는 안 된다고 한다. 수많은 영웅들은 죽음을 두려워하지 않았다. 아킬레우스(Achilleus)는 파트로클로스(Patroclos)가 죽자 복수를 위해 헥토르(Hector)를 죽이려고 한다. 그런데 헥토르를 죽이게 되면 그 자신도 죽을 것이라는 신탁을 받는다. 아킬레우스는 자신이 죽게 될 것을 알면서도 올바르지 못한 자를 벌하고 죽고 싶다 말했다.

나아가 소크라테스는 신이 분명히 그 자신에게 지혜를 사랑하고 다른 사람들에게 질문하면서 살아야 할 것을 명령했는데 죽음이 두려워 행하지 않는다면 무서운 일을 저지르는 것과 같다고 말한다.

　"여러분! 실제로 죽음을 두려워한다는 것은 현명하지도 않으면서 현명하다고 생각하는 것 이외에 아무 것도 아니기 때문입니다. 그것은 자신이 알지 못하는 것을 안다고 생각하는 것입니다. 아무도 죽음을 모릅니다. 인간에게 좋은 모든 것 중에서 죽음이 가장 좋은 것인지조차 우린 알지 못합니다. 그렇지만 사람들은 죽음이 인간에게 나쁜 모든 것들 중에서 가장 나쁜 것이라는 사실을 마치 잘 알고 기라도 하는 것처럼 두려워합니다. 이것이야말로 자신이 알지 못하는 것을 안다고 생각하는 무지가 아니겠습니까?"(29a-b)

　소크라테스는 죽음을 두려워한다는 것은 현명하지 않다고 말한다. 그건 자신이 알지 못하는 것을 자신이 안다고 생각하는 것과 마찬가지이기 때문이다. 아무도 죽음에 대해 알지 못한다. 그러면서도 마치 죽음이 가장 나쁜 것인 양 생각하는 것은 어리석은 일이다. 이는 실제 알지 못하면서 안다고 생각하는 것과 마찬가지이기 때문이다.

여러분을 사랑합니다

　소크라테스는 다른 사람들과 대화하고 지혜를 사랑하는 것이 신이 자신에게 내린 명령이라고 생각한다. 만약 아테네 법정이 자신을 무죄 방면하면서 "더 이상 탐구에 종사하지 말고 지혜를 사랑하지도 말라. 만약 이렇게 행동하다 잡히면 죽게 될 것"이라는 조건을 단다면 단호히 거부할 것이라 말한다. 사실 당장 죽을 위험에 처해 있는 사람에게 살 수 있는 기회를 준다고 하면 한번쯤 고려해 볼 법도 한데 소크라테스는 단칼에 이를 거부한다.

"아테네인 여러분! 저는 여러분을 존경하며 사랑합니다. 그러나 저는 여러분보다는 신께 복종할 것입니다. 제가 살아있는 동안, 또한 제가 할 수 있는 동안 지혜를 사랑하는 일도, 여러분께 충고를 하는 일도, 누구든 만나게 되는 사람에게 지적하는 일도 그만두지 않을 것입니다. 늘 해오던 방식대로 말입니다. 보세요! 여러분은 지혜와 힘으로 가장 유명한 도시인 아테네의 시민이면서 재물은 최대한 모으기 위해 마음을 쓰지 않습니까? 또 명성과 명예에 대해서도 마음 쓰지 않습니까? 하지만 실천적 지혜(phronesis)와 진리(aletheia), 그리고 자신의 영혼(psyche)이 최대한 훌륭해지는 데는 마음 쓰지도 않고 생각하지도 않습니다. 부끄럽지 않습니까?"(29d-e)

소크라테스는 "여러분을 사랑합니다"라는 감동적인 말로 이야기를 시작한다. 그는 철학자다. 철학이란 이름으로 여러분을 사랑한다는 표현은 현대인에게 얼마나 생소한가! 그렇지만 소크라테스는 "아테네인을 사랑한다"고 말한다. 소크라테스에게 철학의 본질은 무엇일까? 그건 바로 사랑이다. 그는 '진리에 대한 사랑'을 말한다. 그것은 우리가 알고 있는 다양한 종류의 사랑과 다르지 않다. 플라톤은 『파이드로스』에서 '진리에 대한 사랑'에 대해 말하면서 연인의 사랑에 비유한다. 누군가를 사랑하게 되는 과정과 우리가 진리를 사랑하게 되는 과정을 비교해서 말한다. 사랑은 모든 것에 공통적이다. 연인간의 사랑, 부모와 자식의 사랑, 인간에 대한 사랑, 진리에 대한 사랑, 신에 대한 사랑 등 모든 종류의 사랑은 동일한 특징을 보인다. 무엇보다도 진리를 사랑하는 것이 연인을 사랑하는 것과 유사하다는 이야기는 파격적이다. 그건 한편으로 너무 힘들고 또 너무 쉬울 것도 같다. 일단 진리와 사랑에 빠진다면 말이다.

그러나 소크라테스는 여기서 '진리에 대한 사랑'이란 표현이 아닌 '인간에 대한 사랑'을 말한다. 처음부터 자신과 함께 태어나 자라고 지금까지 함께 살아왔으며 지금도 자신 앞에 있는 아테네인들을 사랑한다고 말한다. 이것은 단지 그가 책임감이나 의무감으로 아테네인을 가르치려는 것이 아님을 보여준다. 그는 아테네인을 사랑하기 때문에 가장 좋은 것을 해주고 싶은 것이다. 소크라테스는 스승으로서 아테네인이 신의 길에서 더 멀어지는 것을 방관하지 않을 것이라고 한다. 비록 아테네인이 자신을 이해하지 못하고 비난할지라도, 결국 자신을 죽음으로 몰아넣더라도 말이다. 더욱이 그는 인간보다 신에게 복종하기 때문에 신의 명령을 따르는 일을 결코 멈추지 않을 것이라고 한다. 그래서 그가 살아있는 한, 그리고 할 수 있는 한 재물이나 명예에는 최대한 마음을 쓰면서 지혜와 진리, 자신의 영혼이 훌륭해지는 데는 마음을 쓰지 않는 것에 대해 부끄러워하라고 질책하는 일을 멈추지 않을 것이라 말한다. 왜냐하면 이는 신이 소크라테스에게 명령한 일일 뿐만 아니라 아테네인에게 가장 좋은 일이기 때문이다.

> "나이가 적은 사람이든 나이가 많은 사람이든 간에 자신의 영혼이 최선의 상태가 되는데 마음 쓰기보다 몸에 대해서나 재물에 대해서 마음 쓰지 않도록 열심히 설득하면서 돌아다니는 것이 제 일의 전부입니다. '재물로부터 탁월성이 생기는 것이 아니라 탁월성으로부터 재물과 그 밖의 다른 모든 것이 개인적으로나 국가적으로나 사람들을 위해 좋은 것이 되는 것입니다'라고 말하면서요."(30a-b)

결국 소크라테스는 자신의 모든 일이 아테네인을 위해 하는 일이라고 한다. 물론 아테네인들은 그렇다고 생각하지 않지만 말이다. 소크라테스는 죽을힘을 다해 이 일을 계속할 것이라 다짐한다. 왜? 그들을 사랑하기 때문이다. 소크라테스가 아테네인을 위해 할 수 있는 가장 좋은 일은 그들이 재물이나 명예를 돌보는 데만 정신을 팔지 않고, 자신의 영혼을 돌보도록 설득하는 것이다. 여기까지는 소크라테스의 신념이 강력한 호소력을 갖는 것처럼 보인다. 그러나 더 나아가 그는 자신이 이제 와서 다르게 처신하지 않을 것이며 몇 번을 죽는다 할지라도 그런 일은 없을 것이라고 말한다. 그리고 결정적으로 자신을 무죄 방면하든지 유죄 판결하든지 마음대로 하라고 사족을 단다. 그래서 사태는 더욱 심각해진다.

불편한 진실을 말하기

소크라테스는 다시 한 번 사람들에게 소동을 일으키지 말 것을 당부하고, 지금부터 자신이 하는 이야기가 더 심각한 사태를 몰고 올지 모른다고 말한다. 소크라테스는 이 상황에서 무슨 말을 하려는 것인지 기대해도 좋다. 이는 사실 거의 폭탄선언에 가깝기 때문이다. 소크라테스는 만약 아테네 법정이 자신에게 유죄 판결을 내리고 사형을 언도하면 그것은 소크라테스 자신보다 아테네 시민들을 더 해치는 일이 될 것이라고 주장한다. 소크라테스가 지금 아테네 법정에서 변론을 하고 있는 이유는 그 자신을 위해서가 아니라 아테네 시민을 위한 것이다. 왜냐하면 아테네 시민들이 그에게 유죄 판결을 내려 신이 자신들에게 내린 선물, 즉 소크라테스의 충고와 조언을 막는 일이 되기 때문이다.

사실 이는 소크라테스의 진심일 수 있다. 하지만 이 이야기를 듣고 있는 아테네 시민들에게는 '불편한 이야기'일 수 있다. 법정에서 소크라테스가 자기 자신을 위해 변론을 하고 있지 않다면 이는 대체 무엇이란 말인가? 더욱이 아테네인들을 불편하게 만드는 일이 오히려 아테네인들에게 더 좋은 일이라고 말하고 있는데 이를 어떻게 믿을 수 있을 것인가? 소크라테스가 말하는 '좋은 일'은 일반적인 사람들이 말하는 좋은 일과 다르다. 일반적으로 사람들은 재물이나 명예 또는 권력을 좋은 일이라고 하나, 소크라테스에게 진정으로 좋은 일은 영혼을 돌보는 것이다. 만약 그가 목청 높여 말하지 않으면 누가 아테네인을 다그칠 것인가 걱정하고 있다. 그렇기 때문에 지금 아테네 법정에서 변론을 하는 것은 자신을 구하기 위한 일이 아니라 아테네인을 구하기 위한 일이라고 당당하게 주장하는 것이다.

게다가 소크라테스는 더 심각한 말을 쏟아내고 있지 않은가! 그는 자신을 쇠파리에 비유한다. 그러면서 덩치가 크고 혈통이 좋지만 굼뜨기 짝이 없는 말에 달라붙은 쇠파리처럼 끝까지 사람들을 설득하고 야단치기를 멈추지 않을 것이며 귀찮게 굴 것이라 단언한다(30e). 심지어 소크라테스는 자신이 신이 아테네에 보낸 선물이라고 말한다. 그리고 다시는 자신과 같은 사람을 찾아내기 힘들 것이라는 말까지 덧붙인다.

"여러분! 저와 같은 또 다른 사람이 여러분과 함께 있기는 쉽지 않을 겁니다. 만약 여러분이 제 말에 따라 주신다면 저를 아끼는 일이 됩니다. 그러나 여러분이 졸다가 깨어난 사람처럼 쇠파리를 성가시게 느껴 탁 쳐 죽이듯이 아니토스의 말에 따라 저를 쉽게 사형에 처할 수 있을 것입니다. 그러면 신이 여러분을 염려해 저와 같은 다른 한 사람을 다시 보내주지 않는 한 여러분은 남은 생애를 잠자면서 보낼 수 있을 겁니다."(31a)

이쯤 되면 소크라테스가 변론을 통해 어디 배심원이나 방청객인 아테네 시민들이 자신을 무죄 방면하도록 설득하려는 것인지조차 의심스럽기까지 하다. 소크라테스는 자신의 신변을 결정하게 될 아테네 시민들을 잘 달래

소크라테스의 이야기를 듣기 위해 모인 사람들

기는커녕 자신이 얼마나 소중한 사람인지를 당당히 주장하고 있다.

소크라테스는 자신이 "죽음을 두려워해 올바른 일을 거슬러 누구에게든 굴복하는 일은 결코 없을 것이며, 오히려 죽는 한이 있더라도 그럴 일은 없을 것이다"(32a)라고 말한다. 그러나 소크라테스는 아무래도 자신이 젊은이들을 타락시켰다는 이야기에 신경이 쓰인 것 같다. 그는 아테네인들에게 자신이 다른 사람을 교육하는 방식에 대해 다시 한 번 말한다. 소크라테스 자신은 자신에게 배우겠다고 오는 사람을 한 번도 거절한 적이 없다고 한다. 그러므로 누군가 자신이 특별히 소크라테스에게 배웠다고 말하기는 어렵다고 한다.

"저는 어느 누구의 선생이 되어 본 적이 없습니다. 그러나 혹시 누군가 제 말을 듣고 싶어 하거나 제가 어떤 일을 하고 있는지 듣고 싶어 하면 그가 나이가 어리든 나이가 들었든 누구도 거절한 적이 없습니다. 돈을 받으면 하고, 돈을 받지 않으면 하지 않은 적도 없습니다. 부자에게나 가난한 사람에게나 저는 똑같이 질문에 대답합니다. 누군가 제 답을 듣고자 한다면 말입니다. 이들 가운데 누가 좋은 사람이 되건 좋은 사람이 되지 않건 간에 제가 책임을 지는 것은 부당합니다. 저는 아무에게도 어떤 가르침도 약속한 일이 없으며 가르쳐준 일도 없습니다. 그런데도 혹시 누군가 저에게서 개인적으로 뭔가를 배우거나 들은 적이 있다고 말한다면, 그것이 무엇이든 다른 사람들이 듣지 못한 것을 배웠다고 한다면 여러분은 그가 진실을 말하고 있지 않다고 생각하시면 됩니다."(33a-b)

소크라테스는 마지막까지 '자신이 할 수 있는 최선'을 다한다. 그는 자신이 법정에서 할 수 있는 이야기는 모두 했다고 한다. 만약 남은 것이 있다면 동정을 사기 위해 자신의 아이들과 친척, 많은 친구를 데리고 와서 재판관들에게 많은 눈물을 흘리며 빌고 탄원하는 일 뿐이라고 한다. 그러나 이러한 일은 법정에서 해서는 안 되는 일이며 만약 이러한 일이 일어나도 절대로 용인해서는 안 된다고 한다. 왜냐하면 올바르지 못한 일이기 때문이다. 오늘날 방식으로 말하면 재판관에게 뇌물을 주거나 눈물로 호소해 무죄 방면이 되어서는 안 된다는 것이다.

또 "오히려 가르치고 설득해야만 할 것"(35b)이라고 말한다. 죽음을 앞에 두고 소크라테스는 끝까지 배심원에게 동정심을 불러일으키거나 눈물 흘려 탄원하는 방법을 거부한다. 그리고 아테네인들에게 무엇이 올바른 것인지 그것 하나만 생각하고 결정하라 말한다. 소크라테스 자신이 바로 이렇게 살아왔기 때문에 아테네인들에게도 단지 이렇게만 당부할 수밖에 없었던 것이다.

제1차 판결 — 유죄

소크라테스는 제1차 판결에서 유죄 판결을 받았다. 이제 소크라테스는 선택의 여지가 없다. 원고 측은 분명히 사형을 제안하고 연설할 것이며 피고 측은 벌금형을 제시하고 연설할 것이다. 이제 소크라테스는 더욱 자신이 하고 싶은 말만 하려는 것처럼 보인다. 소크라테스는 이미 유죄와 무죄 표의 차이가 크게 나지 않을 것이라 생각했던 것 같다. 개인적으로 볼 때 소크라테스는 여기서 아예 죽을 작정을 한 것으로 보인다. 소크라테스는 자신이 평생 아테네 시민들을 위해 마음 썼으며 그들이 최대한 훌륭하고 지혜로워지도록 노력했다고 말한다. 나아가 이에 대한 대가는 사형이나 벌금과 같은 형벌이 아니라 보상이어야 한다고 말한다. 그는 당시 아테네인들에게 너무나 충격적인 발언을 한다. 그러면서 아테네인들을 위해 헌신한 자신에게 가장 적합한 건 다음과 같다고 말한다.

"아테네인 여러분! 저와 같은 사람이 영빈관(prytaneion)에서
식사 대접을 받는 것보다 더 적절한 일은 없습니다."(36b)

소크라테스의 이야기를 듣고 있노라면 너무 놀라 말문이 다
막힐 지경이다. 소크라테스의 이야기를 읽고 있는 우리들뿐만
아니라 소크라테스를 사랑했던 친구들이나 제자들의 마음이
얼마나 조마조마 했을까 상상해 보라. 더욱이 소크라테스는 아
테네 시민에게 자신이 어떻게 보일지를 알면서도 이렇게 말한
다는 것이다. 끝까지 그가 하고 싶은 말을 다하는 그의 모습을
보고 있으면 '이제 틀렸구나!' 하는 생각이 절로 든다.

우선 소크라테스는 추방형 당하는 것을 거부한다. 일흔의
나이에 추방되어 이 나라 저 나라 쫓겨 다니며 사는 것은 별로
좋은 모습이 아닐 뿐더러 결국 다른 나라에서 청소년들을 설
득하려다 마찬가지로 그들의 아버지나 친척들에게 쫓겨날 게
뻔하기 때문이다. 어떤 사람은 비록 추방을 당할지언정 침묵하
고 조용히 지낸다면 살 수 있지 않겠냐고 말한다. 하지만 소크
라테스는 그건 신에 불복종하는 일(37d)이라고 말한다. 그는 대
화를 통해 자기 자신은 물론 다른 사람에 대해 끊임없이 질문
하는 것이 자신의 임무라고 생각했다.

"음미되지 않은 삶은 살만한 가치가 없다"(38a)

다음으로 소크라테스는 벌금형을 제안하는데 아테네 시민

들은 대부분 가난하기 때문에 은화 1므나(약 100명의 노동자 하루 품삯)를 제안하려고 한다. 하지만 플라톤과 크리톤, 다른 친구들의 성화에 은화 30므나를 제안한다. 소크라테스도 벌금형은 수용할 생각이 있었던 것 같다. 그렇지 않다면 제자와 다른 친구들의 제안을 받아들이진 않았을 것이다. 그러나 소크라테스는 결국 사형을 언도받게 된다.

최후 진술

이제 마지막으로 최후의 진술을 할 시간이다. 소크라테스는 자신에게 사형을 내리도록 투표한 사람들과 벌금형을 내리도록 투표한 사람들을 구별해 각각 달리 연설하고 있다. 소크라테스는 먼저 유죄 판결을 내리고 사형을 선고하도록 투표한 사람들에게 말한다. 여기서 소크라테스는 자신이 무죄 판결을 받는 데 필요한 말을 찾지 못해서이거나 설득할 수 있는 능력이 부족해서 유죄 판결을 받은 것은 아님을 분명히 지적한다. 이러한 결과는 자신이 상대방이 듣기에 가장 기분 좋을 만한 말을 하는 데 열의가 부족해서 온 것이다. 그렇지만 소크라테스는 자신이 이렇게 변론한 것에 대해 후회하지 않는다고 말한다. 그리고 오히려 그런 식으로 살아남느니 차라리 이런 식으로 죽는 편이 낫다고 말한다.

"죽음을 피하는 것보다 악덕(poneria)을 피하는 것이 훨씬

더 어렵습니다. 그것은 죽음보다도 더 빨리 내닫기 때문입니다."(39a-b)

소크라테스는 온갖 위험한 상황에서 우리가 정말 죽음을 피하려고 한다면, 무슨 짓이든 무슨 말이든 하려고만 든다면 할 수 있는 일이 수없이 많다고 말한다. 그렇지만 실제 우리가 살아가면서 정말 어려운 일은 악덕을 피하는 것이며 죽음은 오히려 쉬운 일이라고 한다.

"저는 지금 여러분에 의해 죽음의 판결을 받고 떠나지만 저들은 진리에 의해 악과 불의의 심판을 받을 것입니다. 저는 그 처벌에 따를 것이고, 저들 또한 저들의 처벌에 따를 것입니다."(39b)

소크라테스는 유죄 판결을 내린 자들에게 한 가지 예언을 한다. 자신의 죽음 이후에 자신을 죽게 한 처벌보다 훨씬 더 가혹한 형벌이 그들에게 닥칠 것이라는 예언이다. 소크라테스에게 사형 선고를 내림으로써 자신들을 귀찮게 만들던 사람이 사라졌다고 생각할지 모르지만, 앞으로 그들을 논박할 사람들은 더 많아질 것이며 한층 가혹해질 것이라고도 말한다. 아마 이는 소크라테스를 따르는 제자들과 그들의 활동을 암시하려는 이야기일 것이다. 소크라테스 이후 수많은 제자들뿐만 아니라 추종자들이 소크라테스의 사상을 이어받아 아테네에 많은 학파들이 생겨났고 가르침이 전해졌다. 아테네인들은 한 명의 소크라테스를 죽음으로 내몰았지만, 이는 수많은 소크라테스 추종자들의 활동 계기를 만든 셈이 되었다.

다음으로 소크라테스는 무죄 판결을 선고하도록 투표한 사람들에게 다음과 같이 말한다. 그는 자신이 아테네 법정에 나와 변론한 일이 모두 영적인 것들에 의해 인도된 것이라 말한다. 죽음은 나쁜 일이 아니라 오히려 좋은 일이라 생각한다. 죽는다는 것은 둘 중 하나다.

첫째, 죽음은 '아무 것도 아닌 것(meden)'이다. 그래서 죽은 자는 아무런 감각도 갖지 않는다. 그러므로 죽음은 나쁜 것이라 할 수 없다. 아무런 감각도 없는 상태로 마치 잠자는 사람이 아무런 꿈도 꾸지 않고 자는 상태라면 죽음은 엄청난 이익이 될 것이라고 한다. 소크라테스는 평생 살면서 보통 사람뿐만 아니라 심지어 왕일지라도 그렇게 잠자는 상태는 셀 수 있는 정도밖에 없다고 말한다. 만약 죽음이란 것이 이와 같다면 이익이라 할 수밖에 없다.

둘째, 죽음은 일종의 '변화(metabole)'로 영혼이 이 세계에서 다른 세계로 이동하는 것일 뿐이다. 죽음이 이곳에서 다른 곳으로 떠나는 것과 같다면 죽은 자들은 모두 다른 곳에 있을 것이고, 이보다 더 좋은 일은 없을 것이다. 왜냐하면 죽은 후 하데스에 가서 미노스(Minos)와 라다만티스(Rhadamanthys), 아이아코스(Aiakos), 그리고 트리프톨레모스(Triptolemos) 등과 같은 진짜 재판관을 만날 수 있으며 오르페우스(Orpheus), 무사이오스

(Mousaios), 헤시오도스(Hesiodos), 호메로스(Homeros) 등과 같은 시인도 만날 수 있기 때문이다. 소크라테스는 만약 이것이 사실이라면 몇 번이라도 죽고 싶다고 말한다. 나아가 소크라테스처럼 올바르지 못한 판결로 죽은 사람들이 팔라메데스(Palamedes)나 아이아스(Aias)를 만나게 되면 자신이 겪은 일과 그들이 겪은 일을 비교해보게 될 수 있으니 너무나 재미있을 것이라고 말한다(41a-b).

트로이 전쟁이 시작하기 전부터 전쟁에 참가하고 싶지 않았던 오디세우스는 미친 것처럼 위장했지만 팔라메데스가 잔인하게 오디세우스의 어린 아들을 밭고랑에 두고 쟁기질 하게 만들어 할 수 없이 전쟁에 참여한다. 나중에 오디세우스는 팔라메데스가 그리스군을 배신하고 트로이군과 내통한 것으로 조작한다. 결국 팔라메데스는 군사들의 돌에 맞아죽는다.

아이아스는 아킬레우스가 아가멤논과의 다툼으로 전쟁에 참여하지 않게 되었을 때 그 다음 가장 강력한 장수로 트로이군에게 인식되던 인물이다. 아킬레우스가 죽었을 때도 아이아스는 적진 한가운데서 그의 시신을 구출해왔기 때문에 당

아킬레우스와 장기를 두는 아이아스

연히 아킬레우스의 무구가 자신의 차지가 될 것으로 예상했다. 하지만 오디세우스가 현란한 말놀림으로 무구를 빼앗자 제정신을 잃고 가축들을 죽였지만 다음 날 자신의 행동에 수치심을 느껴 자살한다. 소크라테스는 팔라메데스와 이이아스가 올바르지 못한 판결로 인해 죽게 되었다고 생각해 자신과 비교해 보고 싶어 한 것이다.

나아가 소크라테스는 트로이로 대군을 이끌고 갔던 오디세우스나 시시포스(Sisyphos) 등의 수많은 영웅들을 하데스에서 만나 함께 대화하면서 지내면 얼마나 행복할 것인가에 대해 말한다. 죽음의 세계에 가서 신화의 영웅이나 전설적인 시인을 만나 이야기하면 행복할 것 같다고 생각하는 사람이 과연 몇이나 될까? 소크라테스는 사형 선고를 받고 죽게 되어 이제 근심에서 벗어나게 되기 때문에 자신에게는 훨씬 잘 된 일이라고 말한다. 그리고 마지막으로 다음과 같이 변론을 마친다.

> "이제는 떠나야 할 시간입니다. 제게는 죽으러 떠날 시간이며 여러분에게는 살기 위해 떠날 시간입니다. 그러나 우리 중 어느 쪽이 더 나은 방향으로 가게 될 지는 신을 제외하고 아무도 알 수 없습니다."(42a)

소크라테스의 마지막 이야기를 들은 우리도 다시 한 번 생각해 보자. 지금 우리가 가장 좋다고 믿고 힘겹게 나아가고 있는 길이 정말 최선인지를 말이다. 우리가 선택해야 할 길이 따로 있는데 혹시 다른 사람들이 흔히 선택하는 길을 가고 있는 것은 아닌지 말이다. 나아가 우리도 죽음 앞에 선 소크라테스처럼 아무런 후회가 없는 삶을 살았는지 되돌아 볼 시간을 가질 필요가 있지 않을까?

소크라테스의 감옥
- 그는 왜 탈출하지 않았을까?

소크라테스의 사형집행이 지연된 이유

소크라테스의 죽음과 관련해 우리에게 가장 잘 알려진 명제는 '악법도 법이다'이다. 사실 이 명제는 플라톤의 어느 작품에서도 찾아볼 수 없지만 『크리톤』에서 추론되어 나온 것으로 추리된다. 즉 소크라테스나 플라톤이 직접적으로 어디에도 이렇게 말한 적은 없지만, 실제로 소크라테스가 자신에게 사형 선고를 내린 아테네 법정의 결정에 따라 죽었기 때문에 유추한 것이다. 하지만 이 명제는 때로 정치에 악용되어 왔고, 소크라테스나 플라톤을 오해하게 되는 원인이 되기도 한다.

소크라테스가 사형 선고를 받은 후 죽기까지는 상당 시일이

걸렸다. 크세노폰은 소크라테스가 30일 이상 살아남을 수 있다고 전한다.[10] 그 이유는 테세우스 신화와 관련이 있다. 고대 신화에 따르면 아테네는 크레테의 미노스 왕에게 일곱 쌍의 소년소녀를 미노타우로스의 제물로 바쳐왔다. 미노스 왕의 아들이 아테네의 판아테나이아 축제에 참석했다가 살해당해 이에 대한 보복으로 미노스 왕이 아테네를 공격했는데, 이 사태를 수습하기 위해 아테네가 해마다 일곱 쌍의 소년소녀를 제물로 바칠 것을 약속한 것이다. 아테네의 영웅 테세우스는 자진해서 희생 제물로 바쳐질 소년소녀들과 함께 미노스의 미궁에 들어가 미노타우로스를 살해하고 무사히 탈출한다. 그는 아테네로 돌아오는 길에 아폴론의 탄생지인 델로스 섬에 들러 아폴론에게 감사의 희생제의를 바쳤다. 델로스 섬에 배를 보내 아폴론에게 희생제의를 바치는 축제는 여기에서 유래되었다. 소크라테스가 사형 선고를 받은 때가 바로 이 축제 시기였다. 그래서 그의 사형 집행은 상당 기간 연기되었다. 당시 아테네에서는 축제 기간에 배가 델로스를 향해 출발해 다시 되돌아올 때까지 사형 집행이 법적으로 금지되었기 때문이다.

소크라테스에게는 죽기 전까지 시간적 여유가 있었다. 특히 어린 시절부터 절친한 친구였던 크리톤은 소크라테스와 마지막까지 함께 한 것으로 보인다. 크리톤은 소크라테스와 같은 마을(알로페케)에서 자랐고 늘 소크라테스를 후원했다. 소크라테스 역시 크리톤을 매우 신뢰했던 것으로 보인다. 플라톤은 크리톤이 철학적으로 별로 뛰어난 인물은 아니었지만 소크라테스를 전폭 지지하고 인간적으로도 매우 친밀한 인물로 그리고 있다. 『변론』을 보면 첫 번째 변론 후 유죄 판결을 받았을 때 소크라테스는 자신이 물 수 있는 벌금으로 은화 1므나를 말한다. 하지만 크리톤은 소크라테스에게 바로 은화 30므나를 벌금으로 제시하도록 설득한다. 물론 크리톤은 소크라테스를 구명하는 데 실패했다.

소크라테스가 죽기 전 크리톤은 감옥에 찾아가 위험을 감수하고라도 소크라테스를 탈옥시키려고 시도한다. 하지만 결국 소크라테스는 거부한다. 최후의 날에 소크라테스는 크리톤에게 슬픔에 빠진 아내와 자식들을 부탁하고, 임종 순간 의술의 신 아스클레피오스에게 수탉 한 마리를 바쳐 달라는 유언을 남긴다. 소크라테스가 크리톤을 얼마나 신뢰하고 친밀하게 생

소크라테스의 죽음 (Jacques-Louis David, 1787)

각했는지 짐작할 수 있는 대목이다. 마지막에 죽은 소크라테스의 눈을 감겨주는 일 역시 크리톤의 몫이었다.

크리톤이 탈출을 권고한 두 가지 이유

크리톤은 사랑하는 친구 소크라테스를 생각하며 밤새 잠을 이루지 못하다 감옥으로 찾아온다. 새벽이 되기에는 아직 이른 시간이었기에 소크라테스는 놀라 일어나 찾아온 이유를 묻는다. 크리톤은 소크라테스의 감옥에 이미 수도 없이 자주 찾아와 간수와도 잘 알고 지냈고, 감옥 안에 들어오는 일도 어렵지 않았다. 크리톤은 너무 괴롭고 힘들어 잠에 못 들고 있는 자신과 달리 소크라테스가 너무나 평화롭게 단잠을 자고 있어 놀라워한다. 사실 크리톤은 늘 소크라테스를 행복한 사람이라 여겨왔지만, 그가 죽음을 앞에 두고도 현 상황을 아주 조용히 잘 견디는 것을 보고 더욱 행복한 사람이라 생각하게 되었다고 고백했다. 크리톤이 좀처럼 잠들지 못하고 결국 소크라테스를 찾아온 것은 이제 새벽이 되고 아침이 오면 아폴론 축제를 위해 델로스 섬에 보냈던 배가 돌아오기 때문이었다. 이는 그동안 미뤄졌던 소크라테스의 사형이 곧 집행될 것이라는 신호다. 소크라테스의 오랜 친구인 크리톤으로서는 너무나 괴로운 일이라 잠도 자지 못하고 달려왔는데, 정작 소크라테스는 아무렇지도 않게 단잠을 자고 있으니 얼마나 당황스러웠겠는가!

게다가 소크라테스는 자신이 꿈속에서 하얀 옷을 입은 한

소크라테스가 갇혀 있던 곳으로 알려진 감옥

여인을 만났는데 3일 후에 소크라테스가 프티아(풍요의 나라)에 도착할 것이라는 이야기를 들었다고 말한다(44b). 자신의 죽음을 예견한 것이다. 사실 크리톤은 이미 여러 차례 소크라테스를 탈출시키려고 시도했지만 소크라테스가 꿈쩍도 하지 않아 계속 실패를 해온 터였다. 하지만 그는 소크라테스에게 마지막 기회가 될 지도 모르는 탈옥을 다시 한 번 권고한다.

"소크라테스! 지금이라도 내 말을 듣고 자신을 구하게. 만약 자네가 죽으면 그건 내게는 한 가지 불행만이 아니네. 나는 결코 다시 찾을 수 없는 친구를 잃을 것이네. 또 자네와 나를 잘 알지 못하는 많은 사람들이 내가 돈을 쓰기만 하면 자네를 구할 수 있었을 텐데 내가 전혀 신경을 쓰지 않았다고 생각할 걸

세. 친구보다 돈을 더 중요하게 생각하는 사람으로 보이는 것보다 더 수치스러운 일이 무엇이겠나? 우리가 여기서 자네를 내보내기 위해 많은 노력을 했지만 자네가 거절했다는 사실을 대부분의 사람들은 믿지 않을 것이기 때문이야."(44b-c)

크리톤은 자신이 소크라테스의 감옥에 와서 탈옥을 권하는 이유를 설명하고 있다. 첫 번째는 소크라테스와 같은 훌륭한 친구를 잃고 싶지 않기 때문이고, 두 번째는 크리톤이 친구보다 돈을 더 소중하게 생각해 소크라테스를 구하지 못했다는 나쁜 평판이 생기는 것을 두려워해서다. 사실 이 두 가지 가운데 첫 번째 이유는 소크라테스가 그 자체를 반박하거나 옹호할 수 없는 것이다. 크리톤이 자신의 안타까운 감정을 개인적으로 말하고 있기 때문이다. 그는 소크라테스라는 친구를 잃을까봐 밤낮으로 걱정했으며 소크라테스의 사형을 알리는 배가 델포이에서 돌아온다는 소식을 듣고 잠을 이루지 못해 한밤중에 감옥까지 찾아올 정도였다.

두 번째 이유에 대해서도 크리톤은 나름 할 말이 있었다. 당시 아테네에서 감옥을 탈출하는 일은 그리 어려운 일이 아니었다. 누구든지 약간의 돈만 쓰면 얼마든지 감옥에서 탈출해 다른 도시로 갈 수 있었다. 사실 그리스인들에게 자신의 고향을 두고 다른 도시로 추방당하거나 도피하는 것은 이미 시민으로서의 권리와 그 외의 모든 것을 잃어버리는 것과 마찬가지였기 때문에 심각한 문제가 되지 않았다. 아테네인들의 관점에서는 크리톤이 친구를 위해 조금만 돈을 써도 얼마든지 가능한 일인데도 불구하고 노력하지 않은 것으로 오해할 이유가 충분했다. 그러나 크리톤은 이미 소크라테스 재판 시 벌금으로 은화 30 므나를 제안하도록 하는 등 적극적으로 구명 의시를 보여 왔다. 크리톤은 최선을 다해 소크라테스를 구출하려고 노력하고 있는데 정작 소크라테스 자신은 태평하니 속이 탈 수밖에 없는 상황이다.

어찌 보면 크리톤이 소크라테스를 탈옥시키지 못할 경우 다른 사람들이 자신을 어떻게 생각하겠느냐고 따지며 불평하는 것처럼 보일 수 있다. 다른 사람들의 평판 때문에 소크라테스에게 제발 탈출하자고 제안하는 것으로 비춰질 수도 있지만, 여러 상황으로 미루어볼 때 전혀 다른 맥락에서 말하고 있는 것이다. 말하자면 '소크라테스, 자네가 내 친구라면 내가 이렇게 곤란한 처지에 처했는데 제발 내 형편도 봐주어야 하지 않겠나?'하는 식으로 어떻게든지 소크라테스의 마음을 움직여 보려는 것이다. 크리톤은 이미 수차례 감옥을 방문하면서 온갖 방법으로 소크라테스를 탈출시키려고 노력했으나 실패했고, 이제 마지막으로 그를 설득하기 위해 방문한 것이다. 크리톤은 자신이 소크라테스를 논리적으로 설득하는 게 불가능하다는 사실을 잘 알고 있었을 것이다. 그래서 소크라테스에게 자신이 '친구'임을 내세우고 제발 자신의 얼굴을 봐서라도 탈옥하면 안 되겠냐는 제안을 하는 것이다.

다른 사람들의 평판과 존중

그러나 소크라테스는 평생 한결 같았다. 친구의 죽음을 앞두고 절망적인 심정으로 찾아온 친구에게 철학적 질문을 던지며 다시 논쟁을 하려고 하는 걸 보면 말이다. 소크라테스는 크리톤에게 대뜸 다음과 같이 묻는다.

> "그러나 크리톤! 우리는 왜 많은 사람들의 평판에 그토록 신경을 쓰는 거지? 우리가 훨씬 더 신경을 써야할만한 평판을 하는 사람들, 즉 가장 지혜로운 사람들은 실제로 되어야 할 바 대로 일이 되었다고 생각할 걸세!"(44c)

실제로 우리는 다른 사람들의 평판에 너무 많은 신경을 쓰면서 살아간다. 소크라테스가 늘 사람들이 너무 당연하게 생각하는 문제에 의문을 제기한다는 건 크리톤도 이미 잘 알고 있는 사실이다. 크리톤도 소크라테스의 이러한 질문들이 갖는 가치를 모를 리 없다. 이와 같은 단순 질문들이 아고라에서 수많은 유명한 소피스트를 무너뜨리는 발단이 되었기 때문이다. 그렇지만 지금 크리톤은 소크라테스의 이야기를 여유 있게 들어줄 수 있는 상황이 아니었다. 그는 이미 소크라테스의 생각을 잘 알고 있다는 듯 다음과 같이 단호히 말한다.

> "그렇지만 소크라테스, 사람들의 평판에 신경을 쓰지 않을

수 없다는 건 자네도 잘 알고 있네. 지금 이 상황만보더라도 어떤 사람이 많은 사람들에게 나쁜 평판을 받아 최소가 아닌 최대의 해를 입을 수 있다는 사실을 분명히 보여주고 있네."(44d)

솔직히 크리톤은 현 상황의 정곡을 찌르는 이야기를 하고 있다. 소크라테스는 다른 사람들의 평판에 왜 신경을 써야 하느냐 묻고 있지만, 결국 지금까지 신경을 쓰지 않고 소신껏 살다가 사형 선고까지 받지 않았느냐는 말이다. 지금은 좀 더 현실적으로 생각해야 한다고 소크라테스를 다그치고 있는 것이다. 그렇다면 소크라테스는 어떻게 답변했을까? 크리톤이 너무 당연한 현실 논리를 말하고 있지 않은가? 하지만 소크라테스의 칼은 죽는 날까지 녹슬지 않았던 것 같다. 그는 크리톤의 질책에 대해 아무렇지도 않게 다음과 같이 반박한다.

"크리톤, 많은 사람들이 가장 나쁜 짓을 할 수 있다면 가장 좋은 일도 할 수 있을 테니 좋은 일이지. 그렇지만 실제로 그들은 둘 중 어느 쪽도 할 수 없네. 그들이 사람을 현명하게든지 어리석게든지 만들 수는 없네. 그저 그들은 그들에게 일어나는 일을 무엇이든 하는 것일 뿐이야."(44d)

소크라테스는 다수의 사람들이 실제로 최선이나 최악의 일을 할 수는 없다고 한다. 그들이 다른 사람을 가르쳐 현명하게 하거나 어리석게 하는 것 자체가 불가능하기 때문이다.

크리톤의 마지막 설득과 호소

크리톤은 소크라테스의 답변에 대해 더 이상 이야기하면 시간만 더 끌 것이라 판단하였는지 서둘러 마무리하는 기색이 역력했다. 그는 이 문제에 대해서는 그렇다고 해두고 넘어가자 말한다. 혹시 소크라테스가 자신을 비롯한 다른 친구들을 걱정해 탈옥을 하지 않으려고 한 것일 수도 있다는 생각이 들었기 때문일 것이다. 그래서 만약 그가 탈옥을 한다면 사람들이 그의 친구들에게 해코지를 하지 않을까 또는 그들이 전 재산이나 거액의 돈을 날리지 않을까 걱정해서 제안을 거부하는 것이라면 아무 걱정하지 말라고 한다(45a-c).

첫째, 크리톤을 비롯한 다른 친구들은 이미 소크라테스를 구하기 위해 어떤 위험도 감수할 준비가 되어 있다. 둘째, 탈옥하는 데 필요한 비용이 많이 들지 않을 뿐만 아니라 혹시 자신이 파산할까 걱정할 필요는 없다. 왜냐하면 크리톤 자신뿐만 아니라 심미아스나 케베스 같은 다른 많은 사람들이 소크라테스를 구하는 데 필요한 돈을 가지고 아테네에 들어왔기 때문에 돈은 충분하다고 전한다. 셋째, 소크라테스는 탈옥 후 다른 도시로 가는 것을 꺼려하지만 사실 여러 도시들이 소크라테스를 반길 것이며, 특히 테살리아에는 소크라테스를 높이 평가하는 사람들과 크리톤의 친구들도 많기 때문에 아무도 그를 괴롭히지 않을 것이라는 얘기다. 마지막으로 크리톤은 소크라테스가 탈옥하지 않는 것, 즉 자신을 구할 수 있으면서도 포기하는 것은 소크라테스의 적들이 서두르고 싶어 하는 일을 도리어 그 자신이 서두르고 있는 것이나 마찬가지라고 일침을 가한다. 더욱이 소크라테스가 양육하고 교육시켜야 할 자식들마저 포기해버리는 것이 아니냐고 말한다.

크리톤은 소크라테스를 움직이기 위해 작정하고 소크라테스가 가슴 아파할 만한 말까지 서슴없이 쏟아내고 있다. 솔직히 소크라테스는 그 자신이 전 생애를 통해 사람의 탁월성에 마음 써왔다고 주장하는 사람이니 죽음의 길이 아닌 삶의 길로 용감하게 나아가야 한다고 역설한다. 그렇지만 결국 크리톤은 더 이상 지연할 시간도 남아있지 않고, 나중에는 이조차 불가능해 다시 어쩔 도리가 없게 되니 제발 자신의 말대로 해달라고 소크라테스에게 애걸하고 있다.

소크라테스의 판단 원칙

그렇지만 소크라테스는 크리톤의 마음을 알면서도 너무도 냉정하게 답변한다. 그는 크리톤의 말이 정당성을 갖추었다면 더할 나위 없이 가치 있지만, 그렇지 않다면 오히려 곤경에 처하게 할 수 있다고 말한다. 그래서 먼저 그것이 실천해야 할 만한 것인지 아닌지를 검토해봐야 한다는 것이다. 소크라테스는 자신에 대해 분명히 말한다.

"이건 내가 지금 처음이 아니라 언제나 추론해보고 내게 가

장 좋은 것으로 판단되는 원칙(logos) 외에 그 어떤 것에도 나
는 따르지 않는 그런 사람이기 때문일세."(46b)

소크라테스는 이제껏 자신이 살면서 언제나 가장 좋은 것으
로 판단되는 원칙(logos) 외에는 따르지 않았다고 주장한다. 이
런 상황에서 크리톤이 소크라테스의 감정에 호소해 아무리 탈
옥을 권해봤자 아무 효과가 없을 것이다. 소크라테스는 결국
자신을 걱정하느라 수심이 가득한 크리톤을 자신의 원칙에 따
라 함께 생각하고 검토하는 쪽으로 이끌었다. 소크라테스는 우
선 다른 사람들의 평판을 고려할 필요가 있다는 크리톤의 견
해를 다시 검토하고자 한다. 다른 사람들의 평판을 왜 신경 써
야 하느냐 반문하긴 했지만 전면 부정하는 것은 아니었다.

"우리가 모든 견해를 존중해야 하는 것은 아니네. 어떤 사람
들의 견해는 존중해야 하지만, 어떤 견해는 그럴 필요가 없다
네. 이에 대해 내가 이미 충분히 말하지 않았나?"(47a)

소크라테스는 우리가 모든 사람의 견해를 존중할 수는 없다
고 말한다. 어떤 견해들은 존중받아야 마땅하지만, 어떤 견해
들은 전혀 그렇지 않은 경우도 있기 때문이다. 그럼 우리는 어
떤 사람의 견해를 존중해야 할까? 소크라테스는 "우리가 다수
사람들의 견해를 따르고 두려워해야 할 것인가, 아니면 이런 문
제에 대한 전문가가 있다면 그의 견해를 따르고 두려워해야 할

것인가?"(47d)를 묻는다. 당연히 우리는 어떤 분야에 대해 전문가가 있다면 그의 견해를 존중하고 따라야 한다. 가령 남태평양으로 배를 타고 가는데 경험이 많은 전문 항해사의 주장을 따르는 것이 마땅하지, 아무 지식도 없는 여행객의 주장을 따라서는 안 되는 것이다.

소크라테스의 두 가지 행동 원칙

여기서 우리가 주목하는 것은 소크라테스의 탈옥이다. 소크라테스는 아테네인들이 석방을 허가하지도 않았는데 탈옥하는 것이 과연 올바른지 아니면 올바르지 못한지 검토해 보아야 한다고 말한다. 검토 후 만약 올바른 것으로 판명되면 그렇게 할 수 있지만, 만약 올바르지 않은 것으로 판명되면 그렇게 하면 안 된다는 것이다. 소크라테스는 어느 쪽이 올바른지 또는 올바르지 않은지를 우선 검토해야 하며 그 외 다른 것은 생각해서는 안 된다고 한다. 가령 크리톤이 탈출을 위해 돈을 쓰는 것이나 자식을 양육해야 한다는 등의 이유는 탈옥하는 것이 올바른지 않은지를 판단한 후 고려되어야 하는 것이다.

어떤 사람들은 소크라테스에 대한 아테네 법정의 판결이 잘못된 것이기 때문에 탈옥이 정당하다고 말한다. 사실 소크라테스에 대한 판결이 부당하다는 것은 소크라테스도 인정한 사실이다(53c). 그렇지만 그렇다고 해서 탈옥이 정당화되는 것은 아니라고 한다. 소크라테스는 "어떠한 경우에도 남에게 해를 끼치는 행위를 해서는 안 된다"고 말한다. 일반적으로 우리는 탈옥은 올바르지 못한 일이기 때문에 비난받아야 한다고 말한다. 그렇지만 크리톤은 소크라테스가 부당한 판결을 받았다고 생각하기 때문에 탈옥을 정당하다고 여긴 것이다.

여기서 문제는 소크라테스에게 내려진 판결에 대해 사람들의 입장이 다르다는 것이다. 소크라테스에게 내려진 사형 선고가 부당하다고 확신하고 있는 크리톤에게는 문제가 되지 않지만, 아테네의 어떤 시민들은 이 사형 선고가 정당하다고 생각할 수 있다. 크리톤의 생각은 어떤 측면에서 자의적일 수 있다. 크리톤은 처음부터 사형 선고가 부당했기 때문에 소크라테스가 탈옥해도 된다고 생각한다. 그렇지만 이러한 크리톤의 입장을 반박하기 위해 소크라테스는 다음과 같은 두 가지 원칙을 제시한다.

첫 번째, 아무리 부당한 일을 당했다고 해도 올바르지 못한 일로 되갚으면 안 된다는 원칙이다. 소크라테스는 크리톤이 권고하고 있는 탈옥이 올바른지 또는 올바르지 못한지를 검토하기 위해 "누군가 해를 입었다고 해서 보복으로 해를 입히는 것이 많은 사람들이 말하듯 올바른 것인가, 아니면 올바르지 못한 것인가?"(49c)라고 되묻는다. 누군가를 해치는 것은 당연히 올바르지 않은 행동이다. 결국 소크라테스는 다음과 같은 결론을 내린다.

"우리가 설령 누군가에게 해를 입었다고 하더라도 보복으로 올바르지 못한 일을 해서는 안 되며, 누구도 해를 입혀서는 안 되네. 크리톤, 자네가 이것에 동의하면서 자네가 믿지 않는 것에 동의하지 않도록 조심하게. 나는 소수의 사람들이나 그렇게 여기고 있고, 또 그렇게 여길 것이라는 사실을 알고 있기 때문이네.ʺ(49c-d)

크리톤은 별다른 이의 없이 동의하고 있지만, 사실 이는 일반적인 사람들의 생각과 전혀 다른 것이다. 우리는 흔히 누군가 나에게 손해를 입히면 그 사람도 합당한 손해를 입는 것이 당연하다고 생각한다. 고대 함무라비 법전의 ʻ손에는 손, 이에는 이ʼ라는 원칙은 이러한 기본적인 입장에 근거하고 있다. 물론 이러한 원칙이 때로 지나치게 잔인하다고 생각될 수도 있다. 그렇지만 죄를 저질렀으면 벌을 받아야 한다는 생각은 매우 상식적이다. 최소한 가해자에게 직접 보복을 하지 않는다고 하더라도 법에 호소해 처벌을 받게 하는 것은 정당한 권리라고 생각한다. 그런데 소크라테스는 누군가에게 해를 입었다 하더라도 보복으로 해를 입히면 안 된다고 한다. 사실 이는 상식을 넘어서는 것으로 ʻ소크라테스가 우리에게 너무 지나친 것을 요구하는 건 아닌가?ʼ라는 생각이 들 수 있다. 종교적인 용서나 관용이 아니고서야 실행하기 쉽지 않은 행동 원칙이라 할 수 있다.

소크라테스는 어떠한 경우라도 올바르지 못한 일을 해서는 안 된다고 한다. 비록 자기 자신이 해를 입었다고 해서 보복으

아테네인들 앞에서 연설 중인 소크라테스
(illustration from 'Hutchinson's History of the Nations' by Dudley Heath)

로 다른 사람에게 해를 입히는 것조차도 올바르지 못한 일이라고 한다. 왜냐하면 사람들을 해치는 것은 올바르지 못한 짓을 하는 것과 똑같기 때문이다. 소크라테스는 『국가』 제1권에서 케팔로스의 아들 폴레마르코스(polemarchos)가 '올바름(정의)이란 친구에게 이익을 주고 적에게 해를 입히는 것'이라고 정의할 때 "과연 친구는 누구이고 적은 누구인가?"라고 질문하면서 '올바른 사람이 친구이고 올바르지 못한 사람이 적'이라는 동의를 받는다. 그래서 폴레마르코스가 다시 올바름이란 '올바른 사람에게는 이익을 주고, 올바르지 못한 사람에게 해를 입히는 것'이라고 재정의 했지만, 소크라테스는 다시 이에 대해 의문을 품는다. 결국 그는 올바른 사람에게든 올바르지 못한 사람에게든 해를 입히는 것은 잘못이라고 주장한다. 크리톤이 생각하는 것처럼 법이 내게 올바르지 못했기 때문에 내가 법을 어기는 게 당연하다는 생각은 잘못이다. 아무리 올바르지 못한 일을 당해도 올바르지 못한 일로 갚아서는 안 되기 때문이다. 소크라테스의 경우 법을 어기는 것은 법에 해를 끼치는 일이기 때문에 어떠한 경우에도 법의 명령에 복종해야 한다는 결론이 나온다.

두 번째 원칙은 '누군가와 합의한 것이 올바른 경우에는 이행해야 한다'(49e)는 것이다. 탈옥이 합의한 것을 위반하는 일이라면 부당한 행위라고 할 수 있다. 소크라테스는 여기서 법은 이미 시민들이 합의한 것이기 때문에 위반하면 안 된다고 하는 것이다. 소크라테스는 이러한 두 가지 원칙에 의거해 탈옥을 해서는 안 된다고 주장하는데, 사실 우리는 여전히 이에 동의해야 할지 말아야 할지 망설이게 된다. 그래서 결국 아테네 법이 직접 나서서 소크라테스의 입장을 대변한다.

아테네 법의 입장

아테네 법은 먼저 소크라테스와 같은 개인에 대한 국가의 우월성을 주장하면서 시작한다. 소크라테스가 태어나고 교육받은 것은 모두 국가 또는 국가의 법 때문에 가능한 일이었다. 법 때문에 소크라테스의 부모가 결혼을 할 수 있었고, 소크라테스가 태어날 수 있었던 것이다. 또 교육도 받을 수 있었다.아테네 법과 소크라테스의 관계는 일종의 주인과 노예의 관계와 비슷하다고 한다(51e). 만약 이러한 관계에도 불구하고 소크라테스가 탈옥을 시도한다면 마치 노예가 주인에게서 도망치는 것과 마찬가지로 수치스런 일이라고 한다. 법의 판결에 대해 소크라테스가 할 수 있는 선택은 두 가지 밖에 없다. 하나는 법을 설득하는 것이고, 다른 하나는 법이 명령하는 대로 하는 것이다.

우선 아테네 법은 소크라테스와 국가의 관계가 소크라테스 자신의 자발적인 동의에 의해 발생했다고 주장한다. 소크라테스는 다른 나라가 아닌 아테네에서 살기를 선택했다(52b). 만약 그가 원한다면 재산을 가지고 다른 나라로 갈 수 있었는데도 불구하고 아테네 시민이 되었으며, 아테네에서 결혼을 하고 가정을 이뤘다. 또 소크라테스는 아테네 법정에서 외국으로 추방되느니 아테네에서 죽는 것을 선택하겠다고 선언했다(52d). 그럼에도 불구하고 이제 와서 탈옥한다면 그것은 법과의 합의를 위반하는 것이다. 나아가 법은 이러한 합의는 매우 공정하게 이루어졌고 속임수나 강제가 없었다고 말한다. 소크라테스는 아테네에서 평생을 살면서 충분히 생각해 볼만한 시간을 가졌기 때문이다. 다음으로 아테네 법은 탈옥이 가족과 친구뿐만 아니라 소크라테스 자신에게도 유익하지 않다고 경고한다. 왜냐하면 이러한 계약 위반은 정의롭지 못하기 때문이다. 결국 크리톤은 "할 말이 없다"라는 말을 끝으로 소크라테스를 탈옥시키려는 시도를 포기한다.

크리톤은 왜 더 이상 소크라테스를 설득하려 하지 않았을까? 아테네 법의 주장을 간략히 정리해보자. 첫째, 법이나 국가는 개인보다 우월하다. 둘째, 법을 설득하거나 또는 그렇지 못할 경우 법의 판결에 복종해야 한다. 셋째, 국가와의 계약에 대해 소크라테스는 자발적으로 농의했다. 소크라테스가 법에 불복종하려면 법을 설득하거나 그렇지 않으면 복종해야 한다. 그러나 소크라테스는 법을 설득하는 데 실패했다. 그는 아테네 법정에서 자신의 무죄를 주장했으나 설득에 실패하고 유죄 판결을 받았다. 또 그는 법정에서 추방령은 분명히 거부하고 아테네를 떠나느니 차라리 죽겠다고 선언했다. 따라서 사형 선고가 내려진 지금에 와서 탈옥을 감행한다면 계약을 위반하는 것이다. 만약 그렇게 된다면 자신이 자발적으로 동의한 내용을 사사로이 위반한 것이다. 나아가 법을 위반하는 것은 국가에 해를 끼쳐 결국 국가를 파괴하게 되고 위험에 빠뜨리게 된다는 주장이다. 엄밀히 말해 크리톤이 소크라테스를 탈옥시키려는 시도를 포기한 이유는 탈옥이 정의롭지 않다는 것을 이해했다기 보다 탈옥이 소크라테스의 자발적 동의로 이루어진 법 또는 국가와의 계약을 파기하는 일이라는 사실을 이해했기 때문이다.

현대적 해석

그렇지만 만약 소크라테스가 아테네에 단지 특별한 저항을 하지 않고 살았다는 이유에서 법에 묵시적으로 동의한 것으로 본다면, 대부분의 사람들이 이민을 가지 않는 한 자신이 살고 있는 국가의 법에 복종해야 한다는 결론이 나올 수 있다. 그리고 부당한 판결이 나더라도 법에 의한 것이라면 무조건 복종해야 한다는 태도를 가지고 따른다면 '악법도 법이다'라는 주장을 어느 정도 반영하는 것이라 볼 수 있다. 바로 이 점에서 현대의 학자들은 소크라테스의 입장을 애매모호하게 보는 것이다. 그러나 소크라테스가 제시한 원칙들을 잘 분석해 보면 반드시 '시민불복종 행위'를 거부하고 있는 것은 아니라는 사실을 발견할 수 있다.

우선 소크라테스는 '누구와 합의한 것이 올바른 경우에는 이행해야 한다'는 두 번째 원칙을 제시한 바 있다. 소크라테스는 분명히 '합의한 내용'과 '올바른 내용'이라는 전제를 단서로 달고 있다. 따라서 처음부터 합의를 하지 않은 것이나 또는 올바르지 않은 것 중 하나에만 속해도 법에 복종해야 한다는 결론은 기반이 매우 약해질 수밖에 없다.

다음으로 소크라테스가 제시한 첫 번째 원칙 '아무리 부당한 일을 당했다고 해도 부당한 일로 되갚으면 안 된다'는 주장을 살펴보자. 이러한 원칙을 제시하기 전에 소크라테스는 분명히 '어떠한 경우에라도 다른 사람에게 해를 끼쳐서는 안 된다'고 주장했다. 이는 『국가』편에서도 중요한 원칙이 되고 있다. 소크라테스는 친구들에게 이익을 주고 적에게 해를 입혀야 한다는 폴레마르코스의 주장을 반박하면서 친구가 누구이며 적이 누구인가를 재정의 하도록 만들었다. 그리고 기존의 해석과 달리 친구는 내게 잘 해주는 사람이 아니라 그 자체로 좋은 사람이고 적은 그 자체로 나쁜 사람이라고 말한다. 그렇지만 다시 이 문제를 검토하면서 친구든 적이든 다른 사람에게 해를 끼치는 건 잘못이라고 말한다. 이런 측면에서 볼 때 소크라테스가 다른 사람에게 해를 끼치지 말아야 한다는 원칙을 일관적으로 적용하고 있다는 사실을 알 수 있다. 소크라테스는 탈옥을 하게 되면 법에 해를 끼칠 수 있다고 주장한다. 그렇지만 역으로 법이나 국가가 부정하다면 다른 사람들에게 훨씬 더 많은 해를 끼칠 수 있기 때문에 오히려 법을 위반하거나 불복종하는 것은 다른 사람들에게 더 많은 이익을 줄 수 있다고도 말할 수 있다.

그럼에도 불구하고 소크라테스는 탈옥을 거부해 후대에 다양한 해석을 만들어냈다. '악법도 법이다'라는 주장도 플라톤의 텍스트 자체에는 없지만 결과적으로 소크라테스의 행동을 추리해 악용한 것이라 할 수 있다. 소크라테스가 탈옥을 거부한 것은 굳이 탈옥을 할 이유와 이를 정당화할 근거를 찾지 못했기 때문일 수도 있다. 플라톤의 여러 대화편에서 소크라테스는 적극적으로 새로운 입장을 개진하기보다 일단 통상적으로 사람들이 생각하는 의견들을 검토하고 반박하는 데 주력한다. 가령 "정의가 무엇이냐?"고 물으면 일반적으로 말하는 통념이 가진 문제를 비판하는 식이다. 여기서도 탈옥을 해야 하는 정당성을 확보하는 데 주력하기보다 크리톤이 제시하는 탈옥 근거에 문제가 있다는 사실에 관심이 있는 것이다.

소크라테스의 진정한 법

엄밀한 의미에서 소크라테스에게 악법은 법이 아니다. 소크라테스는 법에 대해 말할 때 항상 진정한 의미에서의 법만을 말했다고 볼 수 있다. 펠레폰네소스 전쟁 중 일어난 해전에서 사망자들의 시신들을 수습하지 못한 장군들을 한꺼번에 불법적으로 사형시켰을 때 죽음의 위험을 각오하고 끝까지 저항했던 유일한 인물은 소크라테스였다. 플라톤의 작품에서 소크라테스는 정치적인 일에 참여하는 일이 별로 없다. 하지만 소크라테스는 부당하게 법을 이용하고 권력을 남용하는 데 대해 불복종한다. 만약 소크라테스가 아테네 법이 올바르지 않다고 생각했다면 분명 불복종했을 것이다.

그러나 다시 생각해 볼 필요가 있는 부분은 법에 불복종하는 것과 나쁜 판결에 불복종하는 것은 다르다는 점이다. 크리톤이 생각하는 것처럼 소크라테스에 대한 유죄 및 사형 선고는 잘못된 것이다. 비록 소크라테스가 아테네 법에 따라 사형 선고를 받았다 하더라도 이것이 올바르다고 생각하는 것은 아니다. 아테네 법정에서 이루어진 사형 선고가 곧 법은 아닌 것이다. 사형 선고는 아테네 법의 절차에 의해 이루어졌다. 소크라테스에 대한 유죄 판결과 사형 선고는 배심원인 아테네 시민의 판결에 의해 내려졌다. 그것이 비록 최초 고발자들로부터 비롯된 편견이었든지 또는 현재 고발자들의 선입견이었든지 또는 아테네 시민들로 구성된 배심원들의 오해였든지 간에 사람이 내린 판결이기 때문에 좋은 판결일 수도 있고 나쁜 판결일 수도 있다.

『변론』에서 말하는 것처럼 소크라테스는 아테네 시민들이 자신에게 상을 줘야지 벌을 줘서는 안 된다고 생각한다. 그는 1차 투표에서 유죄 판결을 받았을 때 자신이 아테네 시민들을 평생 가장 훌륭하고 지혜롭게 만들기 위해 노력했다고 말한다. 그래서 자신에게 형벌이 아닌 보상을 주는 것은 당연하다고 말한다. 나아가 2차 투표가 끝나고 사형 선고가 내렸을 때도 유죄 판결을 내리고 사형 선고에 투표한 배심원들과 무죄 판결을 내리고 벌금형을 투표한 배심원들에게 각기 다른 연설을 한다. 이렇게 보면 소크라테스 자신도 크리톤과 같이 자신에게 내린 판결이 잘못되었다고 생각하는 것은 분명하다. 그럼에도 불구하고 감옥에서 탈출하지 않겠다고 주장하는 건 법 자체나 법의 절차상 문제가 없다고 생각하기 때문이다. 사실 법이 현실에 적용되는 과정에서 일부 인간의 개입은 불가피하다. 아테네 법정의 배심원 제도는 법에 의한 것이지만 배심원이 내리는 판결은 모든 상황에 따라 달라질 수 있다. 모든 아테네 시민의 판결이 현명하지 않을 수도 있다. 그럼에도 불구하고 소크라테스는 그들의 판단을 존중한다.

나아가 기본적으로 소크라테스가 가진 철학적 원칙 때문에 탈출은 불가능한 것이다. 『크리톤』에서 소크라테스가 언급했듯 '비록 불의를 당하더라도 이에 대해 불의를 행해서는 안 된다'는 원칙을 갖고 있기 때문이다. 이미 앞에서도 언급했지만 올

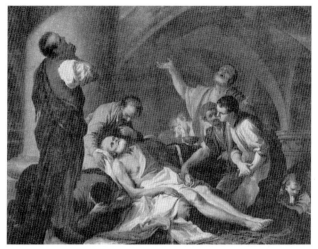
소크라테스의 죽음
(Giambettino Cignaroli, 18세기 초)

바름에 대해 첫 번째 정의를 수정해 나가는 과정에서도 소크
라테스의 이러한 원칙은 반복된다. 결국 소크라테스가 내세우
는 기본 원칙은 올바르든 올바르지 않든 간에 누군가에게 해를
입히는 것은 잘못이라는 것이다.

　소크라테스는 결국 감옥에서 마지막 밤을 지내고 아내와 자
식들 그리고 사랑하는 제자들의 곁을 떠났다. 소크라테스는 자
신이 올바르다고 생각하는 길을 끝까지 갔다. 사실 우리는 모
두 올바른 길을 가야 한다고 생각한다. 그렇지만 때로 우리가
잃어야 할 것들이 두렵기 때문에, 때로는 확신이 서지 않기 때
문에 다른 사람들이 가는 길로 간다. 대부분의 사람들이 무엇
이 올바르고 올바르지 않은 것인지를 모르는 것은 아니다. 우

리와 소크라테스의 차이는 우리는 올바르다고 생각하는 것을 알지만 행동하기 두려워한다는 것이고, 소크라테스는 자신이 알고 있는 것을 용기 있게 실천했다는 것이다. 그러나 결국 이 차이가 세상을 바꿀 수 있는 힘이 된다.

우리는 소크라데스의 삶을 통해 '철학이란 무엇인가?'와 '철학자란 누구인가?'라는 문제를 설명해보려고 시도했다. 소크라테스의 죽음 이후 플라톤이 자신의 작품에서 선보인 수많은 소크라테스들은 현실로 걸어 나와 세상과 대화중이다. 현대의 아고라에서 '정의란 무엇인가?' '용기란 무엇인가?' '아름다움이란 무엇인가?' '사랑이란 무엇인가?' '정치란 무엇인가?' '덕이란 무엇인가?' '죽음이란 무엇인가? '법이란 무엇인가?' 등 수많은 문제들이 논의되고 있다. 우리가 철학을 통해 우리 자신의 영혼을 끊임없이 돌볼 수 있을 때에야 비로소 세상 한가운데서 배회하는 수많은 소크라테스를 만날 수 있을 것이다.

참고문헌

장영란, 『영혼의 역사』, 글항아리, 2010.

장영란, 『플라톤의 교육: 영혼을 변화시키는 힘』, 살림, 2009.

장영란, 『플라톤의 국가, 정의를 꿈꾸다』, 사계절, 2008.

Albert Karl, 임성철 역, 『플라톤의 철학개념』, 한양대학교 출판부 2002.

Cornford F. M, 이종훈 역, 『소크라테스의 철학』, 박영사, 1987.

Diogenes, Laertius, Hicks, R. D. (TRN), *Lives of Eminent Philosophers*, Harvard University Press, 1925.

Dorion Louis-Andre, 김유석 역, 『소크라테스』, 이학사, 2009.

James A. Colaiaco, 김승욱 역, 『소크라테스의 재판』, 작가정신, 2005.

Plato, James Adam (ed.), *The Republic of Plato*, Cambridge University Press, 1902.

＿＿, Shorey, Paul (trans.), *Plato: The Republic*, Harvard University Press, 1956.

＿＿, 박종현 역, 『국가』, 서광사, 1997.

＿＿, W. R. M. Lamb (trans.), *Laches*, Harvard University Press, 1924.

＿＿, W. R. M. Lamb (trans.), *Lysis, Symposium, Gorgias*, Harvard University Press, 1925.

＿＿, R. Hackforth (trans.), *Plato's Phaedrus*, Cambridge University Press, 1972.

＿＿, R. Hackforth (trans.), *Plato's Phaedo*, Cambridge University Press, 1955.

＿＿, 조대호 역, 『파이드로스』, 문예출판사, 2008.

＿＿, 박희영 역, 『향연』, 문학과지성사, 2003.

＿＿, 김인곤 역, 『고르기아스』, 이제이북스, 2011.

＿＿, H. N. Fowler (trans.), *Euthyphro, Apology, Crito, Phaedo, Phaedrus*, Loeb Classical Library, 1999.

＿＿, 박종현 역, 『에우티프론, 소크라테스의 변론, 크리톤, 파이돈』, 서

광사, 2003.

____, 김주일·정준영 역,『알키비아데스Ⅰ·Ⅱ』, 이제이북스, 2007.

Stone, I. F., 편상범·손병석 역,『소크라테스의 비밀』, 자작아카데미, 1988.

C. C. W. Taylor, 문창옥 역,『소크라테스』, 시공사, 2001.

Xenophon, *Xenophon: Memorabilia, Oeconomicus, Symposium, Apologia*, E. C. Marchant & O. J. Todd. (trans.), Harvard University Press, 1923.

_____, 최혁순 역,『소크라테스 회상』, 범우사, 1994.

_____, 오유석 역,『향연, 경영론』, 작은이야기, 2005.

주 ┌──

1) 소피아(sophia) 개념의 변천은 다음을 참조하시오.
   피에르 아도, 이세진 역, 『고대철학이란 무엇인가?』, 27~33면, 이레, 2008.

2) Xenophon, Symposion, 4.9.

3) Platon, Symposion, 215b, 216d.

4) Platon, Symposion, 220d-e.

5) 루이-앙드레 도리옹, 김유석 역, 『소크라테스』, 135~140면, 이학사, 2009.

6) Xenophon, Memobilia, I.6.13-14; IV.2.40.

7) Xenophon, Memobilia, I.4.16; Platon, Politeia, 379b.

8) Xenophon, Memobilia, I.2.

9 Aristoteles, Rhetorike, 3.17.18.

10) Xenophon, Memorabilia, 4.8.2

소크라테스를 알라

펴낸날	초판 1쇄 2012년 11월 28일

지은이	장영란
펴낸이	심만수
펴낸곳	(주)살림출판사

출판등록 1989년 11월 1일 제9-210호

경기도 파주시 문발동 522-1
전화   031)955-1350   팩스   031)955-1355
기획·편집 031)955-4662
http://www.sallimbooks.com
book@sallimbooks.com

ISBN   978-89-522-2222-0   04080

※ 값은 뒤표지에 있습니다.
※ 잘못 만들어진 책은 구입하신 서점에서 바꾸어 드립니다.

책임편집 **최진**